あなたに届けたい「いのちの言葉」
―幸福への道しるべ

浅川勇男

View P BOOKS

まえがき

故日野原重明さんは、１９７０年3月31日に発生した「よど号ハイジャック事件」に偶然居合わせ、４日間の拘束ののち、解放された経歴の持ち主でした。その解放された瞬間の思いを以下のように語っています。

「『これからの命は与えられたもの。これからは自分のためではなく、人のためにこの命を捧げよう』再会の喜びに妻と抱き合いながら、二人でそう決意しました。僕はあのとき一度死んだのだと思っています。過去の古い自分が死んで、新しく生まれ変わったのです。…あの日以来今日まで、神様から頂いた新しい命を、自分以外の人間のためにすべて使おうという生き方を続けてきたつもりです。」（日野原重明『生きていくあなたへ』、幻冬舎、94〜96ページ）

日野原さんは、聖路加国際病院名誉院長として１００歳を越えても現役で働き、多くの人々に生きる希望を与えつづけて文化勲章も受章されました。そんな生き方の原点が「ハイジャック事件」にあったのであり、以来、その信念を死ぬまで貫き通したのでした。

誰にも平等に与えられた、たった一つの、いのち、をどう躍動させ、いかに貴重に使うか。

使命とは、命、を使う、と書きますが、私たちには、生まれながらにして与えられた使命があるはずです。その使命を発見し、実践成就してこそ、価値ある人生が送れるのではないでしょうか。15歳でイエス・キリストより「苦しんでいる人類を救って神様を喜ばしてさしあげなさい」と使命を受けて、世界平和と人類の幸福のために全生涯を捧げられた方が文鮮明先生です。

文鮮明先生の言葉には、私たちの、いのち、を元気にし、人生への希望と勇気を与えてくれる力があります。

本書は、文鮮明先生が語られた中から、珠玉の言葉を選び、平易な解説を加えて、人生の一助となることを願いつつ、世に送り出すものです。

本書を手にとった皆さまが、いのち、を躍動させ、価値ある人生を歩むきっかけとなれば、望外の幸せです。最後に本書の製作に関わったすべての方々に厚く御礼申し上げます。

目次●あなたに届けたい「いのちの言葉」—幸福への道しるべ

目次

第三章　家庭円満を招く「いのちの言葉」……51

挿絵 —— 原田和俊

第一章
人生に幸せを招く「いのちの言葉」

1 感謝します。私は幸福です

家族円満は感謝の心から生まれます。感謝は心の最高の宝です。感謝の心が多ければ多いほど、早く幸福がやってきます。感謝の心は春のようで幸福の花を満開に咲かせます。幸福になりたいと思っても感謝の心がなければ不幸が接近してきます。

◎不幸も感謝し、禍を福に転じる

感謝の心は幸福の種まきなのです。そこで、感謝の三段階という話をします。感謝のホップ、ステップ、ジャンプです。小学生、中学生、高校生の三段階で社会人になるように、感謝にも心のステージアップがあるのです。

まず、ホップ感謝です。恩になったこと、お世話になったことを忘れないで感謝する、ことです。どんなささいなことでも感謝して忘れないのです。人は良いことがあったとき、とても喜びますが、時間とともに忘れてしまいます。なぜか、悪いことばかり覚えてるのです。そういう記憶力抜群の人に限って「十五、十六、十七と、私の人生、暗かった」などと愚痴をこぼし落ち込んでいるのです。

人が生きるというのは、誰かにお世話になるということです。自分の力だけで生きてるわけではありません。父母の愛、夫婦の愛、友人の愛、そして見えざる神様と先祖の愛、沢山のサポートのお蔭様で生きてるのです。自分を助けてくれた人を忘れないで感謝の心をおくることが幸福の基です。

次にステップ感謝です。当たり前のことに感謝する、ことです。朝、起き上がることに感謝できますか？　ある婦人は起き上がるだけで涙が込み上げるほど感謝します。ガンで闘病生活をして、起き上がるとき激痛の日々をすごしたからです。起き上がることが死ぬほどつらかったそうです。でも手術が奇跡的に成功して痛み無く起き上がれるようになりました。朝、痛み無く起きられること、そんな当たり前が、この婦人にとって奇跡的なことだったのです。

朝起きてから顔を洗いますね。水道の蛇口をひねって水が出ますね。それに感謝できますか？人類の５人に１人は水に恵まれていません。水道の無いアフリカの村では、子供たちは１０００人に一台しかない給水車の水を汲むために両手にバケツをつかんで毎日持ち運びしています。それと比べれば、水道があること、煮沸しないで飲めること、それだけで感謝なのです。日本の当たり前は世界の当たり前でないのです。

ご主人が夕方帰ってくること、子供が学校に行くこと帰ること、一緒に食事ができること、おうちがあること、すべてが感謝なのです。感謝の心は自分を助けるすばらしい心の宝です。感謝の心がなければ人として正しく生きることができません。

そしていよいよ、ジャンプ感謝です。それは、一見感謝できないこと、つまり「不幸に感謝する」ことです。「えっ、うそでしょ、そんなバカな」と叫びたくなる人がいるかもしれません。でも、真の幸福は不幸にも感謝することによってもたらされるのです。だって、不幸に感謝できたら、もうそれは不幸ではなくなりますよね。不幸がありがたいことに転換するのです。まさに〈禍を転じて福となす〉は、不幸を感謝する心からなのです。

次から次への不幸ばかりと、嘆いてばかりいては、よけい不幸になっていきます。むしろ、不幸をありがとうございます、と受け止めることが人生の極意、幸福への一本道なのです。すると不思議なことに、不幸は消えてなくなっていくのです。きっと不幸さんは感謝する人が嫌いなのですね。だから、不幸のほうから縁を切ってしまうのです。文鮮明先生は、どんなにつらい困難に遭遇しても、「感謝します。私は幸福です」（文鮮明『愛天愛人愛国―真の愛の生活信条』、光言社、153ページ　以下は『愛天愛人愛国』）と神様に感謝する生活をされたのです。

2 意志さえあればできないことはない

◎不幸と考える人に共通の被害者意識

質問です。「せいとくたこ」という名前の歴史上の人物知ってますか？　知らない人は勉強しすぎてる人です。ある高校2年の女生徒が学力テストで書いた答案です。「この女の子チョー可哀想。生まれながらにして太ってたから親にこう名づけられたんだね」と叫んだそうです。

可哀想なのは「聖徳太子」です。女の子と間違えられたのですから。学力が小学校4年レベル。遊びまくって勉強しなかった結果なのです。しかし、塾の先生は「君の想像力は天才かも。解答を書かずに0点の人がいるが、君はすごいよ。全問解答してゼロだ。これなら慶應大学は入れるかも」。

その気になった女生徒は猛勉強して現役で慶應大学に合格したのです。この実話は、本となり映画化されて話題となりました。そう、『ビリギャル』※1です。まさに、「意志さえあればできないことはない」のです。

今、どんなに夫婦関係、家族関係が厳しくても大丈夫です。ビリギャルでさえ慶應大学に合格したのですから。

ところで、「自分ほど不幸な人はいない」と嘆いてる人には共通点があります。「不幸にさせられた」という被害者意識です。しかも真犯人は特定されています。警察の捜査は必要ありません。なぜなら、家に同居して毎日生活を共にしてるからです。名前を夫とか妻とも言います。

被害届にはこう書くでしょう。「私は正しく生きているのに、あの人のせいで不幸にさせられました」。本当にそうでしょうか？

文鮮明先生ならこう答えるでしょう。「人のせいではありません。あなたに相手を幸せにしようとする強い意志があれば、必ず夫婦円満になれます」と。

文鮮明先生は、人類の幸福と世界平和のために、幸福の原理を解明しようとしました。しかし、研究室もなければ安定的な収入もありません。サポーターもいません。人なし金なし施設なし、です。朝鮮戦争のさなかで、環境は最悪だったのです。港湾労働者として一日中働きながら幸福の原理をまとめたのです。

「部屋が呆れるほど小さくて、対角線で横になっても壁に足が当たります。その後、知り合いの家に泊めてもらい、その部屋で鉛筆を削り、心を尽くして『原理原本』※2の草稿を書きました。極貧の生活だろうと何の問題もありませんでした。たとえゴミの山の中で暮らしたとしても、意志さえあればできないことはないのです。」（文鮮明『平和を愛する世界人として―文鮮明自叙伝』、創芸社、124～125ページ　以下『自叙伝』）

この言葉で問題を見事に解決した夫婦がいました。ご主人の会社は経営が厳しくお客様からの注文は減る一方です。そこで、夫婦は驚くべき取り組みをしました。朝、ご主人が会社に出かけるとき、奥様が大きな声で「意志さえあれば」と叫ぶと、ご主人が「できないことはない」と叫び返すのです。これを毎日繰り返したのです。

その結果、なんと、営業担当のご主人の電話だけがひっきりなしに注文で鳴るようになったというのです。ご主人の活躍でたちまち会社は持ち直したそうです。では、読者の皆さん、答える準備はいいですか。「意志さえあれば…」

※1　ビリギャル　坪田信貴著「学年ビリのギャルが1年で偏差値を40上げて慶應大学に現役合格した話」（角川文庫）の主人公。２０１５年に「映画ビリギャル」（主演・有村架純）のタイトルで映画化された。

※2　原理原本　文鮮明師が直接執筆した最初の原理解説書。

3 ご飯は愛である

◎大切なことは隣人に対する関心です

貧しい家で、朝、お祖父さんが食事をしようとしたとき、玄関を激しくたたく音がしました。嫁が戸口を開けてみると、ぼろをまとって骨と皮だけの男が立っていました。

「私は住む家がなく、これから満州（中国東北部）に行くのですが、何日も食事をしていません。どの家も貧しくて私のようなものに分けてくれる家はないのです。どうか、少しでもいいですから哀れに思って食事をください」。

それを聞いていたお祖父さんは躊躇なく嫁に言いました。「わしの朝食をさしあげなさい」。嫁はびっくりして言いました。「それでは、お父さんの食事ができなくなるではありませんか」。お祖父さんは答えました。「いいのだ、それが文家の家訓なのだから、遠慮なく食事させてあげなさい」。流民は涙を流してお礼を言いました。そんな光景を文鮮明先生は幼いころから見続けて育ったのです。

「ご飯は愛である」という考えを体得し、小学生のときから、貧しい人々にお米を分け与えたのです。やがて、「私には、おなかを空かした人たちにご飯を食べさせる仕事が他のどんなことよりも貴く重要です」（『自叙伝』22ページ）と語り、全世界の飢餓問題解決のために全力を投入することになります。

現代世界では飢餓問題が深刻です。栄養不足とそれによって引き起こされる病気によって、毎日4万人、年間1400万人以上の乳幼児が死んでいるそうです。

十分な食事のとれないままに働きずくめで成人になる。この過程でヨード不足から甲状腺障害にかかる。その数は世界で3億人は下らない。そしてビタミンA欠乏のために何百万人もが、失明や視力障害に悩まされている」。（石弘之『地球環境報告』、岩波新書、174ページ）

マーラー元世界保健機関（WHO）事務局長はこう語る。

「栄養不足は幼児期に学習能力を奪い、成人期には生産能力を減退させる。その結果、貧しい栄養不足の両親が栄養不足の子供をつくり、その子供が貧しい栄養不足の親となる」（同176ページ）と。

こうした世界の悲惨な食糧事情の中で日本ではまだ食べられる食材が捨てられ、一年間で東京ドーム約80杯分、1900万トンに及び、これで、世界の7000万人が一年間食べていけるのです（『読売新聞』2011年3月7日付、『編集手帳』より）。

人は誰でも幸福を求めていますが、全世界の人々が飢餓から解放されないかぎり、幸福にはなれません。なぜなら、人類は神を父母とした大家族だからです。歯の一本が痛めば、体全体が痛みを感じるように、一人でも飢餓で苦しめば、私にも伝わってくるからです。

「大切なことは隣人に対する関心です。自分がおなかいっぱいご飯を食べるとき、誰かおなかを空かせている人がいないか見渡すことのできる心を持つことが肝要です。人類が飢餓問題を解決しなければ、この世界に本当の平和はありません。すぐ横にいる人が空腹で死んでいくのに、それをそのままにして平和を語るのはあり得ないことです。」(『自叙伝』323ページ)
「物を節約しなければなりません。節約して、一年に二千万人ずつ飢えて死んでいく人たちを助けてあげるのです。」(『愛天愛人愛国』139ページ)
「飢えて死んでいく人を考えて節約すれば、天運が保護します。」(同139ページ)

4 人はパンのみにて生きるにあらず

◎神の口から出る言葉で人は生きる

聖書に関心がない人でも知っているイエス・キリストの言葉があります。

「人はパンのみにて生きるにあらず」（『マタイ福音書』4章4節）

この言葉は常識的には変わった言葉です。人はパン、すなわち、食事をしてちゃんと生きているからです。朝食をして、昼食をして、夕食をして、さらに間食までして、元気に生きているではありませんか。

人はパンのみにて生きているはずなのに、なぜ「生きるにあらず」と言われたのでしょうか。「生きる」というのは、喜びにあふれて幸福でたまらない状態。神様の愛に抱かれて安らいでいる状態を意味しているのです。読者の皆さん、あなたは生きていますか？

もし、怨みや憎しみ、許せない心、自分を卑下し他人を見下し、人生に絶望を感じて、希望もなく、愛も信じられず、時には自殺さえ考えているなら、決して「生きている」とは言えないでしょう。

聖書には「あなた方は生きているとは名ばかりで実は死んでいる」（『黙示録』第3章1節）とあ

ります。

身体でいえば、「生きている」とは、体全体に血液が流れて活性化して、触れれば温かい状態です。死んでいるとは、硬直して、冷たくなった状態を意味します。

空を飛ぶ鳥を見ても、野に咲く花を見ても、風に揺れ動く木々を見ても、何も感動がない。家族と一緒に食事しても、感謝がない。それは、死んだ人なのです。では、どうしたら生きることができるのでしょうか？　このイエス・キリストの言葉には後半の部分があるのです。

「神の口から出る一つ一つの言葉にて生きる」（『マタイ福音書』４章４節）

もちろん、言葉を聞いただけで、お腹が満たされるわけではありません。しかし、食べただけで、人生が喜び、愛に満たされるわけではありません。幸せは「神の口から出る言葉」でなされるというのです。

なぜ、人の言葉では、生きれないのでしょうか？　それは、人の心は、煩悩に満ちているからです。怨みと憎悪に満ちた人の言葉が悩める人を生かすことができるでしょうか？　「よくそんなこと言われて黙っていられるわね。一言言い返したらどう？」などと復讐の気合を入れられます。また、落ち込んだ人の言葉が人を元気づけることはできません。最後のとどめを刺されるのがおちです。

神様は人の幸せのみを願って愛しています。天の父母様なのです。だから、「神の口から出る言葉」で人が生きるのです。

文鮮明先生は15歳のとき、イエス・キリストから「苦しんでいる人類を救って神様を喜ばしてさしあげなさい」と言われ、神様の愛の言葉を口に出して人を救おうとしてこられたのです。それゆえ、文先生の言葉は、死んでいる人を生かす、復活させる力をもっています。

全国各地で、文鮮明先生の自叙伝の言葉を、見て、聞いて、書写して、人生が活性化して願い事がかなう奇跡が続出しているのはこのためです。

読者の皆様が、もし、自分は「死んだ人」と思われているならぜひとも、自叙伝書写をして、「生きた」人に復活して、幸福な人生をとり戻してください。

5 大事を成そうと思えば、数理の力に優れていなければなりません

◎数学の本質は愛

いきなりですが、220と284の数の意義ってわかりますか？　数学博士の家で働く家政婦の誕生日は2月20日、220数。博士が数学論文の学長賞でもらった腕時計に刻まれているのが歴代284番目の284数。220と284をどう思うか？　と博士が問いかけると家政婦は答えた。「スーパーのお肉売場で、合挽き220グラム入りのパックと、284グラム入りのパックがあったとしても、私にとっては同じようなものです。…ぱっと見た感じ、雰囲気が似ているんです」。

博士は、「鋭い観察だよ、君」と感動して、220と284の約数の合計数を計算するように家政婦に命じる。計算すると、220は284になり、284は220になった。「正解だ。見てご覧、この素晴らしい一続きの数字の連なりを。220の約数の和は284。284の約数の和は220。友愛数だ。滅多に存在しない組み合わせだよ。…神の計らいを受けた絆で結ばれ合った数字なんだ。美しいと思わないかい？　君の誕生日と、僕の手首に刻まれた数字が、これほど見事なチェーンでつながり合っているなんて。」（小川洋子『博士の愛した数式』、新潮文庫、29～32ページ）

博士はしばしば、数学の懸賞論文に応募し、表彰されるが、まったく意に介さず謙遜にこう答える。「自分が生まれるずっと以前から、誰にも気づかれずそこに存在している定理を、掘り起こすんだ。神の手帳にだけ記されている真理を、一行ずつ、書き写してゆくようなものだ。」（同68ページ）

数学と聞いただけで、鳥肌が立つ読者にはこの先を読むのは決意がいるかもしれませんが、もうしばらくの辛抱です。

私たちの日常生活は、数字が基本になっています。身長、体重、胸囲。ダイエット実績数。スーパーに陳列してある、食品の価格、消費期限。ご主人の給料、授業料、生活費、家の間取り、ご主人の出勤時間。

何よりも自然界は数字で構成されています。山の高さ、海の深さ、太陽、月と地球の距離、回転速度。文鮮明先生は、神様は数字を基本にして天地創造したと言われます。神様の天地創造の動機は真の愛なので、数学の本質は真の愛になります。

「被造世界は神の本性相と本形状とが数理的な原則によって、実体的に展開されたものである。ここにおいて我々は、神は数理性を持っておられるということを推測できる。」（『原理講論』※77ページ）

「目に見えない世界を扱う数学は、宗教と一脈相通じる面があります。大事を成そうと思えば、数理の力に優れていなければなりません。私は頭が大きいせいか、人が難しいと言う数学に長けており、数学を好みました。」（『自叙伝』79ページ）

では、数学を敬遠する方に最後のとどめを刺します。前述の、博士の愛した数式です。「π（パイ）は分かる。円周率だ。ｉも博士に教えてもらった。−1の平方根で、虚数。厄介なのはｅだった。ｅもπも同じ循環しない無理数で、数字で最も重要な定数の一つであるらしい。」（『博士の愛した数式』１９５ページ）

「果ての果てまで循環する数と、決して正体を見せない虚ろな数が、簡潔な軌跡を描き、一点に着地する。どこにも円は登場しないのに、予期せぬ宙からπがｅの元に舞い下り、恥ずかしがり屋のｉと握手する。彼らは…じっと息をひそめているのだが、一人の人間が1つだけ足し算をした途端、何の前触れもなく世界が転換する。すべてが0に抱き留められる。」（同１９７〜１９８ページ）

※原理講論　世界平和統一家庭連合の経典の一つ。

6 良心の声に耳を傾ける

◎「恩讐の彼方に」穴道が貫通

江戸時代のことです。ある奉公人が、主人と口論になって主人を殺してしまいます。男は家から逃亡して身を隠しますが、やがて生活に困って旅人を襲っては金を奪うようになります。ところが、ある日、彼の良心が目覚めたのです。激しい良心の呵責に苛まれて自首しようと決意しますが、その前に、徳を積んだ僧侶に罪を告白しました。

僧侶は、仏道に身を捧げ、己の命を削って人々を救い罪を償ったらどうか、と諭します。男は感謝して修行を終え、道で出会う人たちを助けました。しかし、罪悪感はつのるばかりで良心の呵責はなくなりませんでした。

九州、豊後の国（今の大分県）にたどり着きます。険しい山道で、死体をむしろで覆った村人に出会いました。村人の話によると断崖絶壁があって、その険しい脇道を通らないと生活ができない。しかし、足を滑らして転落して死んでしまう人が後をたたないのだ、と嘆きます。男はその岩壁の前に立ち、悟ります。

「ついに、なすべきことを見つけた。岩壁を削ってトンネルをつくれば、断崖から転落して死ぬ人がいなくなる。一年で十人、十年で百人…。これこそ自分の償いの道なのだ」。

彼は、岩壁の前に粗末な小屋を建て、のみと槌で岩をたたいて崩そうとします。数か月たたき続けてもほんの僅かしか穴はあきません。村人たちは、男を狂人扱いして誰も助けませんでした。それでも男はやり続けました。一年、二年、そして十年の歳月が流れ、驚いたことに目的地まで半分穴道ができたのです。この段階になって初めて村人が援助を始めました。

さらに数年が経ち、あともうわずかで貫通する時を迎えたとき、ある一人の若侍が男の前に立って刀を抜きました。若侍はこの男に殺害された主人の息子だったのです。仇討ちのため諸国を探していたのです。

斬ろうとする若侍の前に村人が叫びます。「この人が私たちの命を救うために身を削って穴道をつくって下さっているのだ。どうしても殺すというなら、せめて貫通してからにして下さい」と懇願します。

若侍はいったん引き下がりますが、夜中、村人が寝静まったあと、ひそかに穴道に入り、男を殺そうとしました。刀を振り下ろそうとした瞬間、彼の良心の声が叫んだのです。「この男を殺してはならない。彼は己の罪の償いのため、村人のために生きているのだ」。

電撃に打たれたごとく若侍は一瞬気を失って倒れます。気が付いたとき彼もまた手にのみと槌をもって岩壁に立ち向かっていたのです。怨讐であった男と共に村人のために働くのです。

男が発願してから21年目、ついに貫通します。月明かりが洞窟にさしこむ中、二人は怨讐を超えて抱き合ったのです。

この物語は、大分県に今も残る「青の洞門」の実話を題材に菊池寛が小説『恩讐の彼方に』として書いたものです。

文鮮明先生は自叙伝で語られています。

「自分の最も親しい先生は自分の良心です。…良心が涙をぽろぽろ流して泣く声を聞いたら、その時にしていることはすぐ止めなければなりません。良心を苦しめることは、自らを滅ぼすことだからです。」（『自叙伝』２３４ページ）

第二章

愛を開花させ心に豊かさを招く「いのちの言葉」

7 愛の心、真実をもって接する

◎良い言葉、愛のある言葉は人を変える

〇〇に適切な言葉を入れてください。

「うちの〇〇は可愛げがない」「うちの〇〇〇は頼りがいがない」

間髪を入れず、ツマ、オットと書き込んだ夫婦は視界不良で不時着夫婦です。幸福空港には着陸できません。悪い思い込みと決めつけは夫婦関係を悪化させます。

夫婦は誰よりも互いのことを知っているのでしょうか？「夫のことは私が一番わかっています」と言い切る奥さん、本当にそうですか？　朝7時に家を出て、夕方7時に帰ってくる夫をすべてわかっている？　12時間も別れているのに!!

通勤電車で揉まれ会社でシゴかれ、お客様のクレームで苦慮する夫を熟知できるのでしょうか！ひょっとして一緒に働いている女性従業員の方が知っているのでは？

夫婦不和の犯罪捜査で、無実の夫を「黒」と決めつけて留置場に入れてはいけません。真犯人は奥さんかもしれません。

では、どうしたら夫婦円満になれるのでしょうか？　それは、良い思い込み、決めつけをすることです。うちの妻は愛のある女性、うちの夫は立派な男性、と思い込むことです。そんな夫婦に互いが創作していくのです。その原動力が良い言葉、愛ある言葉をかけることなのです。

感謝する心で、ために生きる心で愛を伝えることのできる真の愛の言葉、良い言葉、善なる言葉、称賛する言葉を使うようにしなければなりません。

どんな悪い人でも、その人が良い人だと思って良い言葉を話し続けていくと、その人は良い人になっていくのです。世間では思いやりのない夫と噂されていても、奥さんが良い夫だと思い込んで、良い言葉を語り続けていくと良い夫になってしまう、というのです。

世間から、出来の悪い子供と批判されていてもお母さんが素直で良い子だと思い込んで、良い言葉を言い続けると、良い子になってしまうというのです。愛の言葉の力が、人の心を変えていくのです。家族関係とは、自分の語った言葉の作品なのです。

それでは復習します。○○に適切な言葉を入れて下さい。

「うちの○○は可愛げがある」「うちの○○○は頼りがいがある」

もう正解はわかりましたね。

文鮮明先生は家族円満になるために言葉がとても大切だと言われています。

「皆さんは言葉を瞬時に語りますが、その一言を間違えると、それが一年間も影響するのです。一瞬に間違った言葉を、一年間もかけて清算するようになるというのです。…愛を中心として語る言葉は、どんなことを言っても、栄え、発展し、宇宙のすべてが喜ぶのです」

「私たちの同僚関係においても、一言間違って失敗すれば、その一言間違ったことによって、その関係が壊れることもあります。もし言葉を一言間違えれば、その言葉を言った人も苦痛を受け、その言葉を聞く人も苦痛を受けるのです。例えば、夫婦でもそうです。一言の言葉が動機になって気分が悪くなれば、それによって別れていくこともあるのです。」（『愛天愛人愛国』60〜61ページ）

夫婦が怒りで感情が高まって口から出た一言で相手の心を傷つけてしまったら、その傷口を完治するのに、一年間、「ごめんなさい」と謝罪し続けなければならないとすれば、一体何年かけたら清算できるのでしょうか？　ぞっとする話ですね。

8 先に与えて、ために生きる

◎愛の優先順序守り真の幸福つかむ

〽幸せを数えたら、片手にさえ余る、不幸せ数えたら、両手でも足りない（ばんばひろふみの歌『ＳＡＣＨＩＫＯ』）

人はこの歌のとおり、両手で幸せ、を求めながら、不幸せ、を掴んでいます。なぜなのでしょうか？　幸福の根本要素は、愛、であることは誰にも分かっています。幸福とは、愛される喜び、愛する喜びなのです。そして、誰しも一生懸命、愛し、愛される努力をしています。

スポーツならば努力すればするほど結果が出ます。ところが、愛する努力をしたにもかかわらず、互いに深く傷つけあい、憎悪と怨みの関係に陥ってしまった男女もいます。

夢と希望を抱いて結婚したはずなのに、「愛しさえしなければ、こんな苦しみを味わわずに済んだのに」と苦しみ、破局をむかえる夫婦もいます。あれほど願っていた息子の嫁が来たのに、死にたくなるほど葛藤する姑もいます。

一体なぜなのでしょうか？　それは、愛の道路交通法を知らず愛の優先順序を間違ったからなのです。

交通量の多い都会で、安全に帰宅できたのはなぜでしょうか？　理由は簡単です。道路交通法を守って、車、歩行者の優先順序を守ったからです。車道は車が走行し、歩道は人が歩きます。車道を渡るときは横断歩道を、青のとき渡り、赤では渡らない。これをきっちり守ればいいのです。これは、子供の安全のために最初に親や先生が教えることです。

もし、車道を人が歩き、横断歩道のない車道を走って渡ろうとすれば、車にはねられて事故に遭ってしまいます。誰が悪かったのでしょうか。道路交通法を守らなかった人が悪いのです。

同様に、愛の道路交通法、愛の優先順序を間違えば、愛の事故に遭遇するのです。自然にも神様の創造原理的法があるように、愛にも、創造原理的法があるのです。

文鮮明先生は、人間が幸福になるための、創造原理的真の愛を発見されたのです。真の幸福に至る、愛の永遠の法を発見したのです。その中で最も大切なのが、愛の優先順序、です。

文鮮明先生は「人に何かをしてもらおうとする思いを捨てて、人のために、全体のために先に与えて、為に生きること」（『自叙伝』２２０ページ）と言われています。

真の愛は、愛されることよりは、愛することを優先するのです。人に愛を乞うよりは、人を愛することを優先するのです。理解してもらうことより、まず理解してあげ、尽くされるよりも、尽くすのです。

逆に、愛されることを優先すれば、不満がたまり、苛立ち、怒り、憎しみ、怨みになってしまいます。夫婦が、親子が、嫁姑が互いに要求し合えば、喧嘩になってしまいます。真の愛はひたむきに、夫は妻のために、妻は夫のために、愛する愛なのです。

もし、あなたが不幸を感じているなら、それは相手が悪いのではなく、愛することよりも愛されることを優先している自分の心が原因なのです。ひいては結婚の動機にまでさかのぼります。

「結婚は、私のためではなく相手のためにするものです。」（『自叙伝』２２８ページ）

愛の優先順序を守って真の幸福をつかみましょう。そして幸せを数えたら、両手でも足りない、と歌いましょう。

9 真の愛は怨みを溶かす

◎真の愛の前に、傷など何でもない

「私は、姑の命日が来るたびに苦しんでいます。姑の私に対する暴言を思い出して怨みがわいてきて耐えられなくなるからです」。ある嫁の嘆きの言葉です。

姑の生前中は、姑が亡くなれば怨みは消える、と思っていたかもしれません。しかし、無くならなかったのです。怨みは相手が居なくなっても心に残存して生き続ける恐ろしい「悪性腫瘍」なのです。

体中にできた悪性腫瘍は病院で摘出できますが、心の怨みは病院では取り除けません。姑を怨む嫁は姑が死んだあとでも、怨みつづけ、お嫁さん本人が死んで霊魂になっても「怨み」は永続するのです。

では、なぜ、「怨み」という「死にいたる病」に侵されてしまったのでしょうか。

一般的に、怨みを抱いた人は、誰かからひどい目にあったと思い込み、その人を怨んでいます。では、怨みの原因は相手なのでしょうか？　残念ながら違います。

もし、相手が怨みの張本人ならば、自分の心から怨みを溶かすことは不可能です。先ほどのお嫁さんの場合は、もう姑さんはこの世にいないのですから。

怨みを生み出したのは、本人自身なのです。真の愛で人を愛せなかった結果なのです。真の愛とは、相手の幸せのためのみに生きる「我」がない愛です。まるで空気のような愛なのです。空気は傷つきません、なぜなら形がないからです。ひたむきに人間のために存在しているからです。

「我」があるものは必ず傷つきます。人が自分を中心に愛しているならば、他者の言動に傷つき、そして、自分を傷つけたことに対して憎しみ怨みを抱くのです。

「我」のある愛から怨みが生じているのです。「私が」不幸にさせられた、「私が」メンツをつぶされた、「私が」不愉快な思いにさせられた、「私が」ひどい目にあわされた。そんな「我」へのこだわりが、怨みを生み出し、さらなる苦しみへと落ち込んでいくのです。

先ほどのお嫁さんの苦しみは姑からもたらされたのではなく、お嫁さんが自分を無にして姑さんを愛しきれなかった「真の愛」の不足からきているのです。自分を姑が大事に扱ってくれなかったという情念だったのです。

愛することよりも、自分が、愛されたいことを先に願うと、期待通り愛されなかったとき、怨みが生じるようになるのです。

自分を幸せにしてくれることだけを願う妻は、夫の言動で傷つき、「夫の言葉で傷つけられた、絶対許せない。あの世にいってても怨みつづけてやる」などと叫ぶでしょう。ではどうしたら「我」

がなくせるのでしょうか？

「えーそんなのできない、私から我をなくすなんて無理よ」と悲嘆にくれる奥さん、大丈夫です。処方箋があるのです。

自分よりもっとひどい目にあっても、怨みをもたず愛し続けた方の魂と融合すればよいのです。それが文鮮明先生の自叙伝書写なのです。

言葉には語った人の魂がこもっています。真の愛の言葉を訓読し書写すれば、言葉に込められた愛の力によって怨みが溶けていくのです。

「無実の罪で牢屋暮らしの苦しみを経て、肉が削られ血が流れる痛みを味わいました。しかし今、私の心の中には小さな傷一つ残っていません。真の愛の前にあっては、傷など何でもないのです。真の愛の前にあっては、怨讐さえも跡形もなく溶けてなくなるのです。」（『自叙伝』5ページ）

10 勤勉で誠実な姿勢を持って生きる

◎囚人が恐れるのは意味のない人生

「私はアメリカの刑務所の中で、囚人達に『何を一番恐れるか』と聞く調査をしたことがある。彼らは何と言ったか。『最も恐れているのは意味のない人生です』と答えた人が圧倒的に多かった。」（加藤諦三・早大名誉教授『失敗を越えることで人生は開ける』、ＰＨＰ研究所、12ページ）

意味のない人生を悔いる、そこに人生の本質があります。「意味のない人生、を生きているのではないか」と自らに問いかけるのは人間だけではないでしょうか？　誰しも、努力してもどうしても変えられない事はあります。人間として出生したこと、自分を産んだ父母の存在、男であり女であること。

しかし、人生の生き方は、自分の意志次第で変えることができます。たとえ「十五、十六、十七と私の人生暗かった」としても、自分の意志と努力次第で「六五、六六、六七と私の人生明るかった」と転換することは可能です。人生は自分の意志で作りだしていくものです。

生命は神様が両親を通して創造したものだとしても、私の人生は自ら創造していくものなのです。

何度壊れようとも自分の意志で再創造することは可能なのです。

文鮮明先生は「意志さえあればできないことはない」(『自叙伝』１２５ページ)と言われ、また私たちの天の父母である神様との関係においても人生は可能性に満ちている、と次のように語られています。

「私たちは全員、偉大な人間として創造されました。何の意味もなく皆さんがこの世界に出てきたのではありません。神様は、自分のすべての愛を注いで私たちをつくりあげられたのです。ですから、私たちはどれほど偉大な存在でしょうか。神様がいらっしゃるので、私たちは何でもすることができるのです。」(『自叙伝』３２７ページ)

ところで人生を80年とすると、衣食住、睡眠など生活に必要不可欠な時間を消去すると、自分のために使うことのできる自由な時間はわずか7年だけだ、と文先生はこう言われています。

「その人が自分の自由に使った七年の時間だけが残り、後代の人たちに記憶されます。その七年の歳月だけが、八十年の生涯を生きて自分がこの世に残す痕跡なのです。」(『自叙伝』２３６ページ)では、どのように生きたらよいのでしょうか？　１００歳を越えてもなお現役で診療し続けた日野原重明※さんは語っています。

「自分の命がなくなるということは、自分の命を他の人の命の中に残していくことである」(日野原重明名言集より)。自分の命の痕跡をために生きて人々の人生に残していくべきだ、と言われるのです。

世界平和のために93年の全生涯を捧げられた文鮮明先生も言われます。「自分よりも人のために、自分の家庭よりも隣人のために、自分の国よりも世界のために生きなければなりません。」（『自叙伝』２３９ページ）

そのために、「時間を必要度に応じて細かく刻み、一瞬でも無駄に使わずに一生懸命働けば、その人生は本当に貴いものになります。人が一本の木を植えるとき、自分は二本、三本の木を植えるのだ、という勤勉で誠実な姿勢を持って生きるべきです。」（同）

「私たちに与えられた七年という時間の中に、どれほど多くの愛を満たしたか、ここに人生の勝敗がかかっています。」（『自叙伝』２３７ページ）

※日野原重明（１９１１～２０１７）　元聖路加国際病院理事長、２００５年文化勲章受章。

11 淀んだ水は腐る。人間味と柔軟な自主性が必要

◎厳しい環境が、いい味をだす

北海道東部、十勝地方は、全国有数の「糖」の産地です。サトウダイコン、ジャガイモ、トウモロコシなど豊穣の地でもあります。

中心都市が「帯広」です。帯広でタクシーに乗ったとき、「帯広の魅力はなんですか？」と運転手に声をかけたら、「それは、朝と昼、夜のすごい寒暖の差ですね」と意外な答えを得た。以下、運転手との会話。（浅＝著者、運＝運転手）

浅「ホー、温度の差ですか」

運「帯広は、昼は結構暑くなりますが、夕方夜になると温度が急降下して、寒くなります。昼は冷房をかけて、夜は暖房をかけるほど、すごい落差があるんです」

浅「それが、どうして魅力になるのですか？」

運「そのため、野菜の奴らは、昼と夜の温度落差に対応して、身をひきしめて生き延びようとするんです。それで、体内に味わいのある糖がつくられるってわけですよ」

浅「は、はー、なるほど。そういう事なんですか」
運「奴らは（野菜のこと）厳しい環境で鍛えられて、いい味を出すんです。十勝の厳しい環境があいつらに日本一の味をつくらせているんです。厳しい気候のおかげなんです。寒暖のない温かい環境では、あの味は出ないですよ」
浅「厳しい環境が、いい味をだす、ということなのですね」
運「そのとおりです。人生も同じだと思いますね。子供の教育も温室育ちなんて言うじゃないですか。環境が良すぎると、人間も味のある人格は形成されないと思いますよ」
浅「味のある人格は、厳しい人生から生まれるってことなのですね」
運「そのとおりです」

このわずかな時間、タクシーは、人生教室となり、運転手は人生の教師になり、料金は人生の授業料となった。十勝帯広は、野菜だけでなく、運転手さんの人格にも味をつけているのだ。そしてふと、文鮮明先生がなぜ味のある人格なのかわかったような気がした。その生涯は人生の寒暖の落差の連続だった。１９５０年代朝鮮戦争時、北朝鮮の強制収容所で囚人として労役に服し、解放されてから釜山で物乞い日雇い労務者として、乞食のような生活をされた。

どん底から基盤をつくりあげていき、不死鳥のように天空に舞うほど発展したとき、マスコミの悪報道で刑務所に入れられ、世間から放逐されて急降下した。絶望的状況から立ち上がり、日本、アメリカに基盤をつくり、アメリカでは、数十万の大会をおこなって、「この年の人」とまで有名になる。

しかし人種偏見によって、再びアメリカの刑務所に入れられる。釈放後、世界中に基盤を作っていった。

この方ほど、上がり下がりの人生を、世界的規模で歩んだ人はいない。だからこそ、世界的味のある、心情的味のある人格を形成できたのだ。

「厳しい環境にあっては、余裕のある人間味と柔軟な自主性が必ず必要です。人格者は、一度上がって急降下する人生にも慣れていなければなりません。大抵の人は一度上がると、下がるのを恐れて、その地位を守ろうと汲々としますが、淀んだ水は腐るようになっていきます。上に上がったとしても、下に下りていって、時を待った後にさらに高い頂に向かって上がっていくことができてこそ、大勢の人から仰がれる偉大な人物、偉大な指導者になれるのです。」(『自叙伝・増補版』、光言社、92ページ)

12 愛は与えて忘れなさい

◎町救済に私財投入、遺言は「人に話すな」

羽生結弦選手が出演している映画をご存知ですか？

昨年（２０１６）、公開された『殿、利息でござる！』（松竹映画、阿部サダヲ主演、瑛太、竹内結子共演）です。

今から２５０年前、仙台7代藩主の伊達重村の役で最後に登場します。フィギュアスケートも素晴らしいですが、映画でも輝くかっこよさです。

この映画は、磯田道史著『無私の日本人』（文春文庫）を原作にして中村義洋監督が映画化したものです。

著者は、舞台となった仙台藩吉岡宿（現宮城県黒川郡大和町）を故郷とする方から、「私の故郷に涙ぐましい先人がいたのでぜひ書いてほしい」という手紙を受け取り、東大図書館で、彼らの記録『国恩記』を読み、涙をぽろぽろ流して感動したといいます。

また、監督も「町を救うために破産するほど私財をなげうち、遺言は、『人に話すな』。こんな人たちがいた、ことを伝えたい」と語っています。

江戸時代、仙台藩は困窮した藩財政のため、重税を課しました。そのため、ただでさえ財政の苦しい宿場町吉岡宿では、夜逃げが相次ぎ、破産寸前になります。

この現状を打開するため町全体を憂うる人たちが知恵を絞って発案したのが、藩に大金を貸し付け、利息をもらうという前代未聞の計画だったのです。

貸し付ける金額が3千両（今なら、3億円）、年利息が3百両（同3千万円）です。仙台藩から支払われる利息で町を経済的に救っていこうとしたのです。

3億円を集めるため、必死で節約し、町のため、人々のため、子孫のために、私財をなげうっていきます。子供のおもちゃ、家の家宝、自分と家族が大切にするものを売っていくのです。最後に一見冷酷に見えた酒問屋が店を売って大金を捧げます。この場面は何度見ても泣かせます。（見たい方はレンタルビデオ店で）

彼ら有志の涙ぐましい努力で、破産寸前だった吉岡宿は幕末維新まで繁栄し、貢献した酒問屋は今日も営業しています。感動的なのは、大胆な発想だけではなく、このことを絶対に人に、子孫に話さなかったことなのです。

彼らは功労を自慢することを恐れて、〝つつしみの掟〟を誓いました。それは、

1．喧嘩や言い争いは、つつしむ

2．この計画について口外することを、つつしむ

3．寄付するときに名前を出すことを、つつしむ
4．道を歩く際も、つつしむ、道の真ん中を歩くのはもってのほか、できるだけ端を歩く
5．飲み会の席でも、上座に座らず、つつしむ、大願成就してもさらに気を引き締めつつしむ
家が続く限り、子孫の代に至るまで、つつしむ

文鮮明先生は、与えて忘れることが真の幸福に至る原理だといわれています。愛の本質は、与えることだけではなく、与えたことを忘れることであり、与えた自分の名前が知られなくても、忘れられても、感謝する心だというのです。

「真なる愛は、与え、また与えても、なお与えたい心です。真なる愛は、愛を与えたということさえも忘れ、さらにまた与える愛です。」（『自叙伝』5ページ）

「愛は与えて忘れなさい」（『御旨の道』、光言社、297ページ）

第三章

家庭円満を招く「いのちの言葉」

13 家庭は天国の出発点

◎心を改善し天運を引き寄せる

あなたの心の住所はどこですか?

「えーと、東京都新宿区何丁目何番地です」

それって体の住所でしょ。もう一度尋ねます。あなたの心の住所はどこですか?

「わかりません。心に住所なんてあるのですか?」—そうあなたが答えたなら、きっと不幸な人です。なぜなら心が住所不定で落ち着く場所がない人、だからです。毎日、住居を変える人、帰る場所の定まらない人は、人生の漂流者です。


幸せな人は心の住所が定まっています。あなたが夫であれば、奥様の心が住所です。奥様の心の住所は、夫である、あなたの心なのです。幸せな夫婦は、夫の心に妻が住み、妻の心に夫が住んでいるのです。

しかし、夫の心の住所が、仕事場や居酒屋、ゴルフ場、ましてや、妻以外の女性だったら、間違いなく不幸になるでしょう。本来の住所は妻の心なのに、そこに定住せず、その日ぐらしの不安定な心の生活をしているからです。

また、夫の心に妻が住んでなかったらどうでしょう。心の空き家です。がらーんとしてさびしく、空っぽの家です。妻の住所がエステ、買い物、サークル会、そして夫以外の男性の心だったらどうでしょう。そんな奥さんとすごす夫が幸せな人でしょうか？

では、心と心をしっかり結びつける接着剤は何でしょうか。それが真の愛なのです。真の愛で愛し合うことによって夫婦は互いの心に住むようになるのです。真の愛が夫婦一体、親子一体、舅姑嫁一体、三世代一体をもたらします。

真の愛による「家庭は天国の出発点」と主張されるのが、文鮮明先生です。

「『家和して万事成る』という言葉を覚えておくべきです。家庭が平和であれば、すべてのことがうまくいくという意味です。平和な家庭は天国の基礎であり、家庭の原動力は愛です。」（『自叙伝』223ページ）

文鮮明先生は家族円満になるためのノウハウを教えてくださっています。どんなに精密で高度な機械でも操作方法がわからなければ動かせません。夫婦、家族は最高の幸福を演出する神様の作品です。しかも、それが世界平和の基礎となるというのです。

私（浅川）が行っている自叙伝書写講演会では、まず、家庭円満のための言葉をしっかり心に刻みこみます。文先生の「家庭は天国の出発点」という言葉があります。この言葉を音読します。目で見て心に入れこみ、耳で聞いて心に刻みこむのです。

そして、筆、ボールペンなどで紙に「家庭は天国の出発点」と書きます。文先生の言葉を紙に書写するのです。できれば、早朝、毎日続けます。すると、書く人の心に言葉が書き写され、ついには移植されます。

肝臓移植とは、他人の健全な肝臓を自分の体に移植して自分の肝臓にしてしまうことです。悪くなった肝臓を取り除いて健康な肝臓に取り替えることです。同じように、不幸をもたらす自分の心を取り除いて、家庭円満をもたらす心を移植するのです。やがて、言葉に宿っている愛の魂、愛の心が、自分の心そのものになります。そして、家庭の幸福を願うのです。

全国で書写して願い事が成就したという証しがたくさん起こっています。なぜ、文先生の言葉を書写すると願い事が叶い良いことが続出するのでしょうか？　文鮮明先生は15歳のときに霊的にイエス・キリストに出会われ、イエス様の願いに応えて全人類の幸福と平和に生涯をささげる決意をしたと言われます。

「苦しんでいる人類を救い、神様を喜ばしてさしあげなさい」（『自叙伝』63ページ）と言われました。

文先生の言葉には、人類を救い、幸福に導く愛の力があるのです。言葉には魂があり、霊が宿っている、と言われます。そして、天運が満ち溢れています。文先生の言葉に宿る真の愛の魂と霊力によって、書写する人の心が改善され、天運を引き寄せて願い事が成就するのです。

14 三つのお掃除で心の膿を出し切る

◎家が愛の込められた環境になっている

幸福になるためには、三つのお掃除、が大切です。不幸の原因は、汚れ、だからです。汚れがあれば、ばい菌がたかり、気分が悪くなり、不快な心になるからです。そこで、幸福を引き寄せる「三つのお掃除」が必要なのです。

まず、おうち、の掃除です。愛する人の歩く場所、触れる場所を、綺麗にしてあげることです。掃除は愛の実践です。奥様がご主人を愛するならば、ご主人の歩く床、触れる場所を綺麗にしてあげなければなりません。

その中でも一番大切な場所は玄関です。玄関は幸福の出入り口です。ご主人は、朝、玄関から出勤し、夕方は、玄関から帰ってきます。まさか、窓から出入りしているご主人はいないでしょう？　そんなご主人は特別な仕事をしている人か、奥さんが怖くて、玄関から入れない人です。

仕事で疲れ果てて帰ってきたご主人を最初に迎えるのは玄関です。そこに奥様の愛情こめた生け花とか、気の利いた絵画とか、リラックスする香りとか、があれば、ご主人の疲れは癒されます。

家が愛の込められた環境になっていること、それが奥様の愛なのです。

第二の掃除は、言葉の掃除、です。言葉は愛を相手に伝えるために、神様から与えられた最高の宝物です。愛の宅配便なのです。そのため、人間は「おはよう」「いってらっしゃい」「いただきます」「ありがとう」何でも愛を表現できます。犬はどんなに頑張っても「ワン」、猫は「ニャン」としか言えません。犬猫から見たら、人間は言葉が話せて、うらやましい限りなのです。

しかし、犬猫が仰天するほど、言葉のやり取りで、不幸になっている夫婦がいます。人間はスマホやパソコンの操作は上手にやれますが、言葉の操作は誤っているようです。

文鮮明先生は言葉の扱い方について語られています。

「私たちの同僚関係においても、一言間違って失敗すれば、その一言間違ったことによって、その関係が壊れることもあります。もし言葉を一言間違えれば、その言葉を言った人も苦痛を受け、その言葉を聞く人も苦痛を受けるのです。例えば、夫婦もそうです。一言の言葉が動機になって気分が悪くなれば、それによって別れていくこともあるのです。」(『愛天愛人愛国』61ページ)

三つ目は、心の掃除、です。愛の心、感謝の心、賛美する心、清くて明るい心は、私たちを幸福に導きます。しかし、憎しみ、怨み、嫉妬、妬みの心、血気怒気は、不幸をもたらします。これらの心は、心の汚れであり、心の膿なのです。

では、心の汚れはどうしたら掃除、洗浄できるのでしょうか? 着物の汚れは、無色透明な水によってのみ洗い流されます。文鮮明先生の真の愛の心はまさに、敵への憎しみという汚れのない、無色透明な「水」なのです。真の愛が言葉に込められているので、心の書写は、心の掃除、心の洗濯になるのです。

「敵を愛して受け入れようとすれば、絶えず自分を治めなければなりません。自分の心がすっかり膿を出し切った後にこそ、敵を愛し得る心の余裕が生じるのです。」（『自叙伝・増補版』３１０ページ）

夫婦

15 女性の笑いは家の中の花

◎時、笑い方を使い分け幸運呼ぶ

笑顔は家庭円満の秘訣です。では、誰の笑顔がキーポイントになりますか？夫ですか、妻ですか？　女性なのです。

男性がどんなに頑張ってもできないことがあります。出産です。新しい命を誕生させることです。女性は家族の幸福も出産するのです。

妻の笑顔が夫の疲れを溶かし、母の微笑みが子供を癒やし、お祖母ちゃんの笑いが家に福運をもたらします。まさに、女性こそ「笑う門には福来たる」なのです。

レオナルド・ダビンチの傑作も、微笑みが魅力の「モナリザ」です。いくら天才的な絵画技法であっても、「モナリザのやぶにらみ」では名作になりません。迷作となってしまいます。

文鮮明先生は、「女性の笑いは家の中の花です」（文鮮明『礼節と儀式―蕩減復帰時代の信仰生活』、光言社、209ページ)、「女性はいつも笑顔を見せなければなりません。女性は美しい花です」(『天運を呼ぶ生活』、光言社、26ページ)と言われています。

蝶々を人の手でつかむことは困難ですが、花は手も指もないのに蝶の方からとまりにくるではありませんか。蝶を引き寄せたのです。幸運も蝶と同じです。つかまえようとしたら逃げていくのです。幸運は引き寄せるものなのです。笑顔の花を咲かせて引き寄せるのです。

ミツバチも飛んできます。さしずめ財運というべきでしょうか。女性の笑顔は幸運財運を引き寄せるのです。女性の笑顔が絶えない家庭は不幸が寄り付きません。

疫病神、貧乏神は女性の笑顔が大嫌いなのです。逆に、しかめ面や落ち込み顔が大好きなので、頼まなくてもやってきます。女性の笑いのない家庭は居心地がいいので気に入って住み込んでしまい、お友達の「不運さん」も呼んでくるのです。かくして、女性の笑顔の消えた家庭は幸福も消滅するのです。

夫の使命は妻の笑いを取り戻すことです。こちょこちょ、してでも妻を笑わせなくてはなりません。しかし、ただ笑えばいい、というわけでもなさそうです。

文鮮明先生は、「女性は十種類の笑いを分けて笑うことができなければなりません」(『天運を呼ぶ生活』123ページ)と言われます。笑うにも時、場所、相手の選定の適切さが必要なようです。

まず、笑い時です。幸福にすごすためには、朝、昼、夜、いつが笑い時だと思いますか?　絶対違うのは夜寝る前です。一日すっかり不幸になって寝る直前に笑うのは悲劇を通り越して喜劇になってしまいます。

よく「一日一年」と言われます。一年、春、夏、秋、冬です。そうです、朝は春なのです。種は春まくように、朝の笑顔は、しあわせの種まき、なのです。

では、どこに笑顔の種をまくのでしょうか?

玄関で夫を笑顔で送り出すのです。妻の笑顔で元気になった夫は夕方、お土産を買ってくることでしょう。笑っただけでプレゼントが手に入るとは、投資効果抜群です。

ところが、ある奥さんは、玄関で笑っていたのですが、ちっとも夫婦円満になれなかったそうです。それもそのはず、夫が玄関から出た後で笑っていたからです。夫が視界から消えた瞬間、あまりの解放感で、すがすがしい喜びがこみ上げてきて笑いが止まらなくなったそうです。

夫がいなくなってから笑っても夫婦円満の効果は「永遠のゼロ」です。夫が転んだとき笑えば、あざわらう、で喧嘩になります。包丁握ってニヤリと笑えば、不気味で、冷気が漂います。夫は屋台で身体を温めて帰る以外に対策のしようがありません。

また、笑いは相手によっても変えなくてはなりません。特に、嫁は舅姑に対しては、笑い方に気をつけなければなりません。

文鮮明先生は、「夫に対しては、きゃっきゃっと喜んで笑いますが、舅に対しては、同じように笑っては良くないのです。そのときには、声をださずに、目から笑うのです」(『天運を呼ぶ生活』23ページ)と言われています。

明治大正昭和初期、女性の美徳はつつしみにあり、と考えてきた舅姑の前で、口をオープンにしてきゃっきゃっきゃっと笑うと、猿が進化して家に嫁いできたと、誤解されかねません。笑い時、笑う相手、笑い方を、賢く使い分けてこそ、女性は幸福の女神になれるのです。

16 穏やかな笑顔を忘れず人生の峠を越える

◎困難な時こそ笑顔が大切

幸福になるために、忘れてはならないもの、ってなんですか。

あるお婆さんがいました。もの忘れの常習犯です。携帯電話をどこに置いたか忘れます。コンビニに行ってレジで財布を忘れます。家の玄関に鍵をつけたまま出かけます。スーパーに自転車で行って帰りは歩いて帰ってきます。とにかく忘れるのです。

しかし、幸福なお婆さんでした。夫も優しいし子供たちにも恵まれています。

なぜだと思いますか？　一番大切なものを忘れていなかったからです。それが笑顔です。この方の笑顔はとびきり素敵なんです。だから、幸福がいつも一緒にいるのです。

携帯電話も誰かが届けてくれます。レジで財布を預かってくれます。鍵をつけたままの玄関には泥棒が入ったことはありません。（プロの泥棒のプライドがゆるさなかったのかもしれません）

なぜか、いつも忘れ物が戻ってくるのです。忘れても失ったことがないのです。幸福の根源である、笑顔、を失っていないからです。

ある婦人がいました。がんで苦しみました。何カ月も闘病生活して、すっかりやせ細ってしまいました。愛ある夫は寝ずの看病をしましたが、看病疲れで倒れてしまい亡くなってしまったのです。自分の病気のために最愛の夫を失ったのです。唯一の希望である娘の結婚日が、夫の葬式の日となってしまったそうです。

婦人は悲しみと絶望で骨と皮だけになりました。「死にたい」と思ったことは一度や二度ではありません。悲嘆にくれる毎日でした。

ある日のこと、鏡に映っている自分の顔をじっくりと見てみました。人間の顔ではなく骸骨でした。でも、婦人は思い切って笑ってみたのです。すると、鏡の骸骨が笑っているではありませんか。婦人は感動して泣いたそうです。「不気味だけどいい顔だなあー。まだ笑えるじゃないか。こんな私でも人さまのため役に立てるかもしれない。いや、こんな私だからこそ出来ることがあるのでは」と一念発起して、がんで苦しむ人々のケアをするようになったのです。人生の峠を笑顔で越えたのです。

人生にはたくさんの峠があります。病苦という峠、最愛の人との死別という峠、貧しさという峠、夫婦の危機という峠…。一つ峠を越えればまた新たなる峠が待っています。

峠は足で越えますが、人生の峠は笑顔で越えるのです。愚痴や泣き言や悲嘆では越えられません。しかし、笑顔には峠を越える不思議な力があるのです。

文鮮明先生は貧しさのなかでこそ笑顔が大切である、と言われます。

「町内で一番貧しかったとしても、『私たちが一番裕福に暮らしている』と考えなさい。それが素敵なことです。ご飯を三食、四食、抜いたとしても、平和な表情で、にこにこ笑い、希望に満ちた顔をして歩くのです。そのような女性と結婚する男性が不幸になるはずがありません。」(『天運を呼ぶ生活』20～21ページ)

文鮮明先生夫妻は生涯を世界平和のために尽力しました。そのため、休む時間、寝る時間を割いて世界を回りました。多くの試練・困難に遭遇しました。アメリカで無実の罪で刑務所に収監されたこともあります。それでも前進しました。それは、妻であられる韓鶴子夫人が笑顔を決して忘れなかったからです。

「大きな苦労を経験するたびに心に衝撃を受けたはずですが、妻はよく乗り越えてくれました。いくら困難で大変な状況の中でも、妻は穏やかな笑顔を忘れずに人生の峠を越えてきました。信徒たちが子供の問題で妻に相談に来ると、妻は笑顔で答えます。『待ってあげましょう。子供たちが道に迷うのは一時のことで、いつかは過ぎ去ります。子供たちが何をしても、絶えず抱き締めるような気持ちで愛してあげながら、あとは待ちましょう。子供たちは必ず両親の愛の懐の中に戻ってきます』。」(『自叙伝』212ページ)

17 愛する心があれば誰でも心を開く

◎夫婦が互いのお医者さんになる

あるご主人が会社の残業で帰りが遅くなるため、奥さんに電話しました。奥さんが電話口に出たので、「オレオレ」と叫んだとたん、電話を切られてしまいました。

妻はあとで弁解して、「オレオレ詐欺と間違えたのよ」と言ったそうです。夫は「そんなはずがない」と大いに落胆し、その嘆きを川柳にして応募してみました。すると、なんとその年の優秀賞に選ばれたのです。審査員も同じ被害（？）に遭っていたのかもしれません。その句とは、こんな句です。

「オレオレに　亭主と知りつつ　電話切る」（第18回第一生命サラリーマン川柳※）

不幸とは、夫婦が互いに心を閉ざすことです。夫婦が心の錠前をかけて相手が入れないようにしているのです。家の玄関は開いていても、心の玄関は閉まっているのです。

夫婦円満とは互いの心に何のわだかまりもなく入れる間柄です。ご主人が奥様の心の居間でのんびり気兼ねなく昼寝したり、奥さんがご主人の心の庭でゆっくりと安らぐことができる関係です。

夫婦が互いの心のお家に行ったり来たりできるのです。

夕方、会社帰りの夫の足音を聞いただけで「今日、会社でつらいことがあったな」と気づき、笑顔で「おかえりなさい。お疲れさま」と慰労してくれる妻をもった夫は幸せです。玄関で妻の表情を見ただけで、家事や子育ての苦労を感じとってくれる夫をもった妻は幸せです。

では、どうしたら、閉ざされた心を開くことができるのでしょうか。

文鮮明先生は、「愛する心があれば誰でも心を開く」と言われています。先生は無実の罪で牢獄に入れられたことがありましたが、囚人とも親しくなり監房長とも仲良くなったといいます。

「私は監房長と親しくなるのが上手です。二言三言話をすれば、どんな監房長でもすぐに友達になってしまいます。誰とでも友達になれるし、愛する心があれば誰でも心を開くようになっています。」(『自叙伝』101ページ)

愛する心とは、相手を思いやる心です。人は自分を思いやってくれる愛を感じたとき心を開くのです。夫婦関係は特に愛に敏感です。

夫が「妻はオレのためにいるんだから黙って言うことを聞け」などと要求ばかりすれば、妻は心を閉ざすでしょう。「ふん、なにさ、お茶ぐらい自分でいれたらどう」と反発します。

また、妻は妻で「妻子を養うためにあんたがいるんだから、一生懸命働いてよね」などと叫べば、夫は怒って「誰のおかげで飯食ってるんだ」などと声を荒立てるでしょう。夫婦は労使関係ではないのです。夫婦が春闘してもベースアップはしないのです。

ところで、世の中には人に思いやりをもって接する職業があります。お医者さんです。職業柄とはいえ、患者の健康を気遣ってくれます。だから患者さんは心を開くのです。

診察室でお医者さんから、「顔色お悪いですね、いつからですか?」と聞かれたら、「よけいなお世話だ、ほっといてくれ!」などと嘯《うそぶ》く患者はいないでしょう。あるいはまったく心を閉ざして黙秘はしないでしょう。警察の取調室ではないのです。

夫婦は互いにお医者さんになれば円満になれるのです。妻は思いやりのある女医さんです。夫は、職場という戦場で傷ついた負傷兵です。心が傷だらけの急患です。まさか、女医が言葉のメスとハサミで最後のとどめを刺したりしませんよね。「楽にしてあげるわよ」なんて言いながら…。

夫は院長です。妻は子育てと姑の世話で瀕死状態の患者です。まさか、救急車で運ばれた妻を放って、院長が飲み会に行かないでしょう。夫婦が互いを思いやる名医になれば、たちまち完治して円満になるのです。愛する心があれば誰でも心を開くのです。

※サラリーマン川柳　第一生命が主催し、１９８７年から続く川柳コンクール。毎年５月に発表。

18 妻への愛の不足を悔い改める

◎社長を辞任し妻に償いをする夫

ある経営者がいました。事業だけに専念して妻にはまったく愛情を注ぎませんでした。彼の夢は、土地を買い工場を建てることだけでした。

妻はただ食事の世話をして自分に従っていればそれでよいと決め付けていたのです。妻の願いを知ろうともしませんでした。

妻はただ黙って従っていきました。会社は、努力の甲斐あって土地を取得し、念願の工場を建設し、開所式間近になりました。

ところが、この頃、妻に異変が起こったのです。何もかも忘れてしまう、という異変です。なんと、最初に忘れたのは、ご主人の名前だったのです。それから自分の名前も忘れていきました。

その時、ご主人ははじめて気がついたのです。妻をただの一度も愛さなかったので、自分の名前を忘れられた、ということを。

開所式の日、衝撃的事件が起こりました。誰もが、社長は誇らしげに事業の出発を宣言するだろうと思っていました。しかし、社長は社員たちに言いました。「おれは、今日をもって社長を辞任する。後のことは君たちに任せる」。そう言って立ち去ったのです。

一人の社員が驚いて後を追い、尋ねました。「社長、なぜ、やめるのですか。今日のために苦労してきたんじゃないですか」。彼は答えました。「いいか、俺は妻に名前を忘れられた男なんだぞ。そんな男が経営ができると思うか」。

社員はなおも聞きました。「じゃあ、社長、これから何をなさるのですか」。社長は言いました。「決まっているじゃないか、妻から俺の名前を呼んでもらうまで、尽くしつづけるのだよ」。

それから、男は何もできなくなった妻のためにすべてをしてあげました。服を着せる、食事を食べさせる、風呂に入れて、肩を流してあげました。そして、声をかけるのです。「すまなかった、すまなかった、私の名前は○○だよ、どうか思い出しておくれ」。

結婚して以来、妻を愛さなかった、尽くさなかった償いをするかのようでした。すべてを忘れた妻でしたが、夕方になると不思議な行動を毎日繰り返すのです。いそいそと着替えをして玄関を開けて散歩に出かけるのです。

なぜ妻がそうするのか？　夫は悟りました。妻は夕方、ほんの少しの時間でいいから、夫に手を握ってもらって散歩してほしかったのだと。

今、彼は、夕方になると妻の手をとり、妻が気がすむまで、どこまでも、どこまでも、歩いて行きます。

この話は、いつかテレビで見たドキュメンタリーです。最後に夕日を背にして二人が歩いて行く姿で終わりました。彼は妻への愛の不足を悔い、「夫」になろうとしたのです。

夫とは、なんでしょうか？　働いて給料をもってくる人でしょうか？　どんなことがあっても妻を愛する男が夫なのではないでしょうか。

「家に帰ってきたとき、妻が横になって寝ていたとしても、『私が責任を果たせなかったので待っていないのだなあ』と、そのように考えてみたことがありますか。御飯も作らず、昼寝ばかりしていても、そのように考えなければなりません。対人関係も、すべてそのように考えなければならないのです。」（『愛天愛人愛国』70ページ）

19 愛する心で接すればすべて通じる

◎伴侶に対して北風？　それとも太陽？

幸福は明るくあたたかい気分です。春のような気分です。桜が満開になるように、心も喜びで満開状態です。ではどうしたら幸せになれるのでしょうか？　電気作用をみればわかります。プラスとマイナスの電極をつなげば、電流が流れて、蛍光灯が明るくなりますね。

冬の寒い日に、暖房機の、プラスマイナス電極をつなげば、電流が流れて温かい風が部屋にあふれます。同じように家族の心がつながれば、それだけで、家庭は明るく温かくなるのです。

幸福な家庭、それは明るく温かい家族です、心の通いあった家族です。夫と妻との心が通い合えば夫婦円満、親子の心が通い合えば、親子円満、嫁姑の心が通じれば、三世代円満になります。夫プラス、妻マイナスが一つになると愛の電流が流れて、明るく温かい愛の照明と暖房が家庭にあふれるのです。

家庭不和はその逆に、家族の心が通じ合わないことです。夫婦の心が通じ合わず、お互いが何を考えているのかわかりません。それでは到底夫婦円満は望めません。子供の苦しみを親が理解できず、親の重荷に子供が痛みを感じなければ、親子円満にはなれません。

家族は同居していても、心は別居状態です。家族が互いに心を閉ざしていて、電極が切断されています。それでは愛が連結できないのです。心に何重にも鍵をかけ、自分しか知らない暗証番号を設置しています。声をかけても、心のインターホンでしか会話しません。実は、誰もが二つのおうちに住んでいるのです。一つは住んでいる住居、もう一つは、心のおうち、です。玄関のドアを開けて住居に入るように、心のおうちにも心の玄関を開けて入ります。

では、厳重に閉じられた妻や夫、子供や、姑の心の扉はどうしたら開かれるのでしょうか？　お金で開きますか？　確かに開きますが、ドアを少しだけ開けてお金をもらってすぐ閉じます。では地位や権威でしょうか？「俺は夫だ、私は姑だ、親だ」といって威圧すれば開かれるでしょうか？残念ながら、強い風には頑丈な扉で補強して、ブルドーザーで体当たりしても壊れないでしょう。

そこで、人の心を開ける秘訣を教えます。それは牢獄でさえ監守や囚人の心を開き、友達になれた文鮮明先生の実践的な人との向き合い方です。

「私は誰とでも気持ちが通じます。お婆さんが来ればお婆さんと友達になり、子供たちが来れば子供たちとふざけたりして遊びます。相手が誰であっても、愛する心で接すればすべて通じるのです。」（『自叙伝』76ページ）どんな人とでも心を通じあえる秘訣、それは愛、しかないのです。

さらに文先生は、「愛以外には、他のどのようなものも望んだことはなく、貧しい隣人たちと愛を分かち合うことにすべてを捧げてきました」（『自叙伝』5〜6ページ）と語られるのです。

ところで、『北風と太陽』の童話を知っていますね。旅人のマントを脱がせるのに、北風は思い切って猛烈な風を浴びせましたが、旅人はますますマントを固くかぶりました。ところが、太陽は暖かく照らすだけで、旅人はマントを脱いだのです。

では、奥様とご主人に質問です。「あなたは、伴侶に対して、北風ですか、それとも、太陽ですか？」

え、暴風雪!?

20 貧しくとも、希望に満ちた顔で歩く

◎私たちが一番裕福に暮らしている

ある奥さんがいました。口癖は、「夫婦愛が一番、お金が問題じゃないのよ」です。この家庭は大変貧しかったのですが、奥さんはいつも明るく元気はつらつで家庭の幸福の源でした。一人娘はそんな気丈夫なお母さんを誇りに思っていました。

「お母さんって素晴らしい人、お金はないけど、気にしないで元気いっぱい。お母さんの口癖はすばらしい。私も将来結婚したら、お母さんのように貧しくても、明るく元気で夫を支えるわ」。

しかし、お母さんは、中学の娘が思っているほど、貧しさを気にしなかったわけではありません。表面的には元気そうに振る舞っていましたが、心の底には、「どうして夫の給料はこんなに安いの」と不平がたまっていたのです。一年で一回、肉料理を食べられるのはクリスマスだけでした。

ある年のクリスマスのことです。「今日は夫の給料日、肉を沢山買って帰って来るに違いない」。奥さんは心ウキウキ準備していました。今日は、一年で一番楽しい日になるはずでした。

一方、給料袋を手にした夫も、心ウキウキです。給料袋をオーバーのポケットに入れて、喜ぶ

妻娘の姿を想像して有頂天になっていたので、電車の中で沢山の乗客から押されても、まったく気になりませんでした。

電車を降りて駅を出たとき、ポケットに手をやって、ビックリしました。給料袋がありません。その瞬間、血の気がひいて、真っ青になりました。背筋が寒くなるどころか冷却凍結しました。満員電車の中で、給料袋ごと、すられたのです。

妻娘はなかなか帰ってこない夫を心配しましたが、それでも「お肉を買いすぎて歩けなくなったのかな」などと冗談を言い合っていました。ずいぶん夕食時間が過ぎてから玄関の戸が開きました。妻娘は喜んで夫の手を見ましたが、肉の袋を持っていません。

夫はうなだれて事情を話しました。奥さんは頭から血液が一挙に急降下し、怒りの血液が逆流して表情が修羅を呈していきました。そして、「何やってんのよ、馬鹿たれが」と怒鳴りそうになりました。

言葉が口から出る寸前になったその瞬間、「お父さん、気にすることないよ、お母さんが毎日口癖で言っているじゃない、夫婦愛が一番、お金が問題じゃないって。そうだよね、お母さん」と娘がお母さんの顔を見て言ったのです。

お母さんの血気は急降下して、「そ、そうだよね、そうだったね」としどろもどろで答えました。

夕食は一年で一番、貧しい食事になりました。

娘が「今日はクリスマス。私がお母さんの口癖を歌詞にして歌をつくったの、聞いてね」と言い、綺麗な声で歌い出しました。

「貧しいけれども、楽しい我が家、お父さん、お母さんに愛があるから、それが最高」

それ以降の歌詞をお父さんもお母さんも聞けませんでした。うれしくてありがたくて涙が込み上げて、娘の歌が聞こえなかったからです。娘の歌が最高の食事になったのです。文鮮明先生は語られています。「町内で一番貧しくても、『私たちが一番裕福に暮らしている』と、このように考えなさいというのです。これが素晴らしいことです。三食、四食を抜かしても、顔が平和で、にこにこ笑い、希望に満ちた顔をして歩く、そのような女性を迎えた新郎は、不幸にはなりません。」(『愛天愛人愛国』67~68ページ)

21 化粧は誰のためにするのですか？

「化粧は何のためにするのですか？」と尋ねれば、大概の奥様は、「決まっているでしょ。美しくなるためですよ」と答えるでしょう。

では、「誰のために化粧して美しくなるのですか？」と聞けばどう答えますか？「近所の目があるし、買い物に出かければ誰に会うかわからないし、同窓会、ＰＴＡ、子供の送り迎えで人に会うし、とにかく、人に出会うから化粧するのよ」。

◎愛を装飾する

文鮮明先生の指導からいうと、夫婦の場合、女性が化粧するのは、夫を喜ばせるためになります。「家族生活において、様々な料理を作るのも、日常の生活も、服を作るのも、すべて愛のためです。愛を装飾するためなのです。料理を作るのも、愛の味を高めるためです。それが真の愛です。」（『愛天愛人愛国』67ページ）

「パウダーをたたき香水をかけても、女性はいつも美しくなければなりません。女性は、情緒生活において借りをつくってはいけません。また、夫の体や衣服などについて、いつも関心をもたな

ければなりません。」（同64ページ）

妻が化粧をするのは、夫にとびきり美しい笑顔を見せて、喜ばせ、元気づけるためなのです。これが、化粧の愛の原理的意義なのです。このため、妻は夫より早く起きて、化粧をほどこし、夫の目覚めに感動を与えなければなりません。

また、夫が職場に向かうのは、戦場に向かうことだと文鮮明先生は言われます。

「男性は朝、戦いに行くのです。そういう夫のために、妻は朝早く起きて、サービスをたっぷりしなければなりません。」（『愛天愛人愛国』65ページ）

夫は美しく凛々しい妻の笑顔を見て、戦場に出かけ、妻の面影を思い浮かべながら戦果をあげる勇者になれるのです。そして朝、出がけに見た、美しすぎる妻の笑顔が見たくて家に帰って来るのです。時として、戦場で疲れ果て傷だらけになって帰った場合、瞬時にして疲れを慰労するのは、玄関で最初に見るあの懐かしい、妻の化粧した美しい笑顔なのです。

ところが、現実は違う場合が多いのです。夫に化粧した妻の顔を見せるためには、妻は当然夫より早く起きなければなりませんが、夫が起きた時、妻が夢見の真っ最中なら論外です。夫より早く起きたとしても、髪は乱れて八方に末広がり、ありのままの形相で目覚めたばかりの夫の目前に登場すれば、夫は「悪夢か？」と恐れおののいてまた目を閉じることでしょう。ありのままの不気味な形相で、玄関から送り出されれば、戦場に出る前に討ち死にです。

夫が出かけてから、奥さんはじっくりと時間をかけて念入りに化粧します。一体誰のための化粧なのでしょうか？　はっきり言えることは、ご主人のためではない、という事です。職場で心身ともに傷だらけになって家に戻ってくる夫ですが、その頃には、妻の化粧はすっかり落ちて、ありのままの姿で出迎えることになります。（注、〝ありのまま〟でヒットしたのは、『アナと雪の女王』だけです）

ご主人は、しらふ、では妻の顔を見るに堪えられず、体を温めて正気を失うために、再びいずこへか、出かけていくのです。

あるご主人は、妻が生前、化粧した美しい妻の顔も見たことがなく、葬式の遺影で初めて輝く顔を見て感動したという話もあります。妻の化粧した顔は、生きている間に、夫に見せるべきではないでしょうか？

22 子供に大きな影響与える母親の姿

◎私は天地の息子です

「諭吉の幼少期、着物はボロボロ、髪はボウボウの女性がいました。母、お順はその女性を見ると毎度のように庭に呼び入れ、座らせて頭の虱《しらみ》を取ってあげました。諭吉は母に命じられてその虱を石の上で五十四、多い日は百匹ほどもつぶすのです。それが済むとお順は虱を取らせてもらったお礼にと女性に握り飯を作って食べさせました。このように諭吉の母、お順は心のやさしい情け深い人でした」

大分県中津市にある、福沢諭吉の生家、玄関前にある立札の文言です。諭吉のお母さんは、貧しくて人々から忌み嫌われた女性の頭にたかった虱を取ってあげただけでなく、食事をごちそうしました。

通常、お礼は虱を取ってもらった女性のほうがするのが当然ですが、取らせてもらったお礼として、食事を与えました。福沢諭吉は、愛の実践をする母の姿を見て育ったのです。

身分制度が激しかった封建時代の残滓《ざんし》が残る文明開化期に、人間の価値の平等を唱えて、「天は人の上に人を造らず、人の下に人を造らず」（『学問のすすめ』）と説いた原点は、母親の愛にあったに違いありません。母親が子供にどのような姿を見せたか、それが子供の人生に多大な影響をもたらしていきます。

では、世界的平和活動家である文鮮明先生の母親はどのような人だったのでしょう。

文鮮明先生の幼少期、朝鮮半島は貧困と日本の支配のもとで、家、土地を失い、難民となり、故郷を追われて、中国満州に行く人が後を絶ちませんでした。それらの人が飢えて立ち寄ったところが文先生の家でした。

「母は八道（朝鮮半島）の各地からやって来て家の前を通る人のために、いつでもご飯を作って食べさせました。乞食がご飯を恵んでくれと言ってきて、すぐにご飯を出さなければ、祖父がまず自分のお膳をさっと持って行きました。そのような家庭に生まれたせいか、私も生涯ご飯を食べさせる仕事に力を注いできました。私には、おなかを空かした人たちにご飯を食べさせる仕事が他のどんなことよりも貴く重要です。」（『自叙伝』22ページ、カッコ内浅川）

文先生は幼少期、貧しい人たちに食事を施す母の愛の姿を見て育ち、それが魂に刻まれたに違いありません。

やがて、天命を受けて北朝鮮で神の愛を伝えましたが、逮捕投獄され、強制収容所に入れられました。息子を心配して半狂乱になった母親は親族八親等から米と着物を集め、二十時間かけて面会差し入れに行ったのです。母が息子に撒いた隣人愛は、獄中で母の想像をはるかに超えて大輪の花を咲かせていました。

「私は母がくれた紬《つむぎ》のズボンを穿かずに他の囚人にあげてしまいました。親族を頼って準備してきたはったい粉も、母が見ている前で囚人たちにすべて分け与えました。」

「お母さん、私は文なにがしの息子ではありません。文なにがしの息子である前に、大韓民国の息子です。また、大韓民国の息子である前に世界の息子であり、天地の息子です。ですから、彼らを先に愛してから、お母さんの言葉を聞き、お母さんを愛するのが道理です。」（『自叙伝』１１３～１１４ページ）

人類を兄弟として愛し、神様の苦痛を解放しようとする文先生にとっては、母子の因縁よりは、たった一人であっても、おなかを満たしてあげ、暖かい着物を分け与えることが重要になっていたのです。

23 父母に無限の感謝をささげて孝を尽くす

幸福への近道は親孝行です。人は命の源である親から愛を受け、親に孝をつくしたとき幸福になれるのです。

◎貧しさが名曲「高校三年生」生む

作曲家で、国民栄誉賞を授与された遠藤実さん（『北国の春』『星影のワルツ』『高校三年生』など作曲）は人一倍親孝行な方でした。では、遠藤さんの父母は、子供の頃から、子供の夢を育てて作曲家になれるよう支援したのでしょうか。逆です。貧乏すぎて、何もしてやれなかったのです。

父親は職業を転々として、一家はその都度、新潟、東京と、引っ越しを繰り返しました。父母の郷里、新潟では一家5人、6畳間の掘っ立て小屋に住んでいたのです。遠藤さんは、親が貧し過ぎて、授業料を払ってもらえず、中学に行けませんでした。遠藤さんは小学校を卒業してから働きずくめでした。

高校への夢を描いて作曲したのが、舟木一夫さんのヒット曲『高校三年生』です。歌手を志望して、17歳で上京しました。流しのギターの、先の見えない貧しい生活でしたが、縁あって優しい女性と結婚しました。わずか一畳の新婚生活でした。チャーハンを半分にして食べ、マフラー一本を二人の首に巻きつけて寒空を歩きました。

そんな極貧の中で、遠藤さんは、しわだらけの100円札を丁寧に伸ばして、布団の下に敷き寝押ししました。精誠を込めて、新潟の父母に仕送りしたのです。親が受け取る紙幣にしわがあってはならない、と思ったようです。

父母が貧しくて学校に出してもらえなくても、決して親を見下さず、怨みを持ちませんでした。逆に、父母の温もりに感謝したのです。遠藤さんは父親の葬儀の時、父に捧げる手紙を書きました。

「おやじ、また、この世に生まれてきて、おやじになったら、おれをまたおやじの子どもにしてくれないか。それがまた貧しい家でも悔いはしないよ。おやじなら貧しさにくじけない、貧しさに打ち克つ根性を与えてくれるからだよ。…おやじありがとう、きびしさをありがとう。おやじありがとう、やさしさをありがとう。」（遠藤実『涙の川を渉るとき—遠藤実自伝』、日本経済新聞出版社、217～218ページ）

母親の葬儀の時、母に捧げる手紙を書きました。

「かあちゃんと呼んだ遠い日、おふくろと呼んだあの日、何年か前からばあちゃんになり、それでも思わず、かあちゃんと呼びたくなるばあちゃん。…この世に私たちを産んでくれてありがとう。育ててくれてありがとう。おいしいあぶらげ寿司や、魚の煮つけをありがとう。」（同220～222ページ）

遠藤さんは、子供に苦労ばかりかけてすまない、と悲しむ親の心を痛いほど感じて、父母を慰労してさし上げたのです。

文鮮明先生は、親なる神様に対して孝行を捧げた人です。苦しむ人類を見つめて悲しまれる神様を慰労しようとしたのです。

「子女が父母の前で死んでいくとすれば、当然子女もかわいそうですが、その子女を見つめる父母はもっとかわいそうです。もし子女が、死んでいく場でも、父母を慰労し、父母に無限の感謝を捧げて孝を尽くしたとすれば、父母の悲しみ、父母の苦痛、父母の悲惨さを埋めることができるのです。…では、その孝行するとは、どういうことでしょうか。父母が悲しむことに対して、子女が先に悲しむということです。」（『愛天愛人愛国』151～152ページ）

嫁姑

24 嫁を娘よりも愛しなさい

◎三世代円満家庭で子供は運勢を受ける

漢字の中で、これはいかがなものか？　と思うのが、「姑」という漢字です。女偏に、古、と書きます。苦労に苦労を重ねて家系を守ってきた女性に、いくらなんでも、古い女、はないでしょう。

個人的見解としては、憲法改正の前に、姑の漢字改正をしてほしい気持ちです。結婚して昨日、家に来たばかりの女性が、女偏に、家、と付いています。姑は、中古品でディスカウントショップみたいではありませんか？　この漢字をひらめいた方は、きっと姑に恨みをもっている人に違いありません。

とはいえ、三世代円満家庭という理想天国をつくるためには、なんと言っても、古い女と書かれた、姑、の愛の度量が鍵となります。単に古いだけではなく、歴史的深みといぶし銀のような味が必要なのです。

新しく家に入った女、嫁には及びもつかない空のような広い心と、海のような深い心が、本来、姑にはあるのです。広い心と深い心、そして慈しみある心をもってお嫁さんを愛した姑さんを紹介します。

この姑のお嫁さんは、姑さんが亡くなったあとでも実の母親以上に慕っています。まさに、姑の導師といってもいい方です。その方の全国の姑にささげるメッセージです。

「姑さんも、嫁さんをもらったら、いつまでも、さびしく、とがったような気持ちをもたないでください。嫁さんは自然に我が娘になるんです。実の娘は嫁にやったら姓が変わって、だんだん他人になっていくんです。それをわからないで、嫁にやった娘にこだわって傍にいる嫁さんを悪く言ったりして感謝がないと、嫁さんと合いません。そうじゃなくて、姑さんは、嫁を我が娘として愛するんです。

お寺参りをして、帰りに嫁さんの悪口を言う姑もいるって聞きますが、なんとも情けない考えです。神様も、先祖も嘆かれます。姑さんにしたら、最後に死に水とってもらう誰よりも大事な人ですよ。我が娘より大事なのですよ。そう考えられて、嫁さんと気持ちを一つにすると、家庭に愛が充満するんです」

嫁と姑の心が通じ合って家庭円満になることは間違いありません。それればかりか、さらに、すばらしい特典があるのです。夫の運勢がグレードアップするのです。家長である夫の仕事運、出世運、ついには財運まで引き上げます。

それだけではないのです。さらに孫の運勢がパワーアップするのです。母の愛と祖母の愛が化合合体して孫に降り注ぎます。夫婦だけで育てられた子供よりはるかに大きな生命力と運気を持てるのです。

三世代円満家庭を推奨する文鮮明先生は言われています。

「自分の娘以上に嫁を、もっと愛さなければなりません。外的な人（嫁）を内的な人（実の娘）より、もっと愛さなければなりません。そのようなことをすべて根本から立て直さなければ、平和な家庭になりません。家庭に嫁と姑の問題が生じるのです。」（『愛天愛人愛国』79ページ～80ページ、カッコ内浅川）

「祖父母と父母と子供が一緒に暮らしてこそ、子供は過去と現在の両方の運勢をすべて譲り受けることができるのです。」（『自叙伝』222ページ）

25 神様のように愛し、神様のように尊敬する

◎姑が「あなたは本当によい嫁だ」

二人のおばあさんが神社にお参りにいきました。手を洗い、口をすすぎ、礼式にそって拍手をして、神様に丁寧に拝礼をしました。そして神様にお願いしました。「どうか、うちの嫁が姑を大切に扱うようにしてください」。

お参りが終わったあと、参道を歩きながら、一人のお婆さんが、「うちの嫁にも困ったものだ。年寄りの私を軽んじてコケにしている。よくもあんなひどい嫁が家に嫁いできたものだ。腹が立ってしょうがない」と愚痴をこぼしました。

すると、もう一人のお婆さんが、「あんたのとこもそうかい。うちの嫁ときたら、まったく気が利かないったらありゃしないんだから。あれでもう少し可愛げがあれば許せるんだがそれもない。やんなっちゃうよ」などと怒りをぶちまけました。

神様の前では丁重にお参りしていた二人ですが、嫁の悪口で意気投合してしまったのです。二人の後姿を見つめながら、神様はつぶやきました。「私に、精誠をこめたように嫁にも仕えたなら、

すぐにでも願い事はかなうのに…」。
人は神様に対しては、礼節をつくして敬拝しますが、人には冷淡に接する場合があります。
文鮮明先生は、「真の家庭は、夫と妻、父母と子女、兄弟姉妹がお互いに為に生きて愛する所です。さらには、夫は妻を神様のように愛し、妻は夫を神様のように尊敬する所です。」(『自叙伝・増補版』249ページ)と言われています。
姑が嫁を神様のように大切に扱えばよいのです。嫁はわが家に来てくれた、ありがたい神様として出迎え、神様が嫁の姿をして、福運をもたらせに来た、とお迎えしたらいいのです。
文先生は姑のあり方について言われています。
「自分の娘以上に嫁を、もっと愛さなければなりません。…すべて根本から立て直さなければ、平和な家庭になりません。家庭に嫁と姑の問題が生じるのです。」(『愛天愛人愛国』79〜80ページ)
「家庭の三代が一つにならなければなりません。嫁は、直系の長子の子孫を生むのです。娘は、嫁いでいってしまいます。ですから、男性を中心として嫁を立てていかなければなりません。嫁を否定してはいけないのです。」(同80ページ)
「おじいさん、おばあさんになり、自分の息子、娘と嫁を愛し、孫嫁と孫も愛さなければなりません。これが一つの家庭モデルです。」(同79ページ)
こんな話があります。ある姑は嫁をわが娘のように愛し、「小さな神様」のように大切にしていました。その嫁と一緒に、台所で皿洗いをしていたとき、嫁が手を滑らして皿を落としてしまい、姑の足下で真っ二つに割れてしまったのです。こんな時、怒って嫁をなじる姑もいるでしょう。ところが姑は、「あなたは本当に良い嫁だ。運勢を我が家に持ってきてくれた。一つのものを二つに増やしてくれたのだね。ありがとう」と言って嫁を抱いてあげたそうです。

嫁は姑に抱かれて涙を流し、神様から抱かれているように愛を感じました。そして、心の底から誓いました。「一生お世話してさしあげよう」。

嫁姑が互いに神様を敬うように愛し合えば、神様がお住みになる幸福満載、三世代円満家庭になれるのです。

26 姑に謙遜に侍れば、姑の心をつかめます

◎嫁の姑への愛は、不断草

嫁いで150日目、優しかった夫と姑が豹変。冷たくよそよそしくなり、乱暴で、棘《とげ》だらけの言葉で嫁をいじめ、いびるようになった。

姑は老齢で両眼を失明、嫁なしでは生活できないにもかかわらず、嫁をなじり、蔑《さげす》み、小言をあびせた。嫁はなぜ、自分が夫と姑にいじめられるのか、まったくわからなかった。

不思議なことに、いじめられていながら、夫と姑を憎む心は湧かず、自分の至らなさをわび、もっと仕えようと思うばかりだったが、結局、離縁されてしまった。嫁ぎ先の理不尽な振る舞いに嫁の両親が激怒。嫁は泣く泣く実家に戻ることになる。

時は江戸時代、所は山形、米沢藩。藩主は上杉治憲。積極果敢に藩政改革に乗り出したが、古い重臣が反旗を翻した。

藩主は首謀者を処罰して改革を断行した。反旗側の一人が嫁の夫であり、自ら退任して老母を残して藩外に出ていった。嫁の実家は、離縁されたおかげで災難をまぬがれたと喜んでいたが、嫁は

今こそ姑に侍るときだと心を定める。

今度は離縁された家に再び戻ろうとする娘に親が激怒。勘当されるが、それでも夫と姑を思慕する心は変わらなかった。人づてに名前を偽って姑の世話に入る。どうやら失明している姑は嫁の自分に気づかないようである。

嫁には姑にどうしても食べさせたいものがあった。姑の大好きな、唐苣《とうちさ》。不断草ともいい、いつでも種を播けて、柔らかな、香気のある草がとれる。

畑に種をまき、心を込めて祈った。「どうぞ一粒でもよいから芽をだしておくれ、おまえが芽生えたら、わたしが姑さまのおそばにいられる証しだと思います」。

芽を出した不断草を丹精を込めて育て、姑の食膳に出した。姑は、「これは、唐苣、ですね。私の好物です」と喜んで食べた。

ある日のこと、姑は、息子から来た手紙を読んで聞かせるように頼んだ。

「なににも代えがたいただ一人の良人の書いた文である、なつかしいとも、かなしいとも、言葉では云いあらわしがたい感動が胸へつきあげ、とりあげようとしてさしだした手指はぶるぶると震えた。…拭いても拭いても溢れ出てくる泪、ともすれば喉をふさぎそうな嗚咽、それを姑にさとられずに読もうとするだけで精一杯だった。」

姑が優しく語りかける。「おまえ、みとりにいってあげておくれ」。姑は知っていたのだ。名前を変えて侍る女が嫁であることを。そして、真実を話した。

藩主の改革を進展させるため、不透明だった反対派の人脈を明確にするために、息子は反対派をよそおって反旗を翻したこと。その際、嫁と実家に迷惑がかかるのを案じて、わざとつらくあたり離縁させたこと。心の底で泣き詫びていたこと。嫁は必ず、夫と姑の元に帰ってくる、と信じていたこと。嫁は「堪りかねて姑の膝にすがりついた。老母は片手でその肩をしずかにかい撫でてやった」。夫はその後藩命によって帰参することになる。（山本周五郎『日本婦道記・不断草』より）

嫁の姑への愛は、不断草、だった。

文鮮明先生は本来あるべき、嫁の姑への愛を述べている。「嫁が姑に対して謙遜に侍っていけば、その姑の心をつかめます。姑がその嫁を愛するようになり、かえって嫁に屈服するのです。嫁が愛を受けるようになり、結局、二人が仲良く過ごすようになるのです。」（『愛天愛人愛国』77ページ）

家庭生活

27 お金は愛を実現するために必要です

◎お金は大変嘆いている

「ただいまー。今日は仕事がきつくてお腹が減って死にそうだよ。夕飯できているかい？」とご主人が言うと、奥さんが「おかえりなさい。今日はごちそうよ。」と答えます。

「えーそうなんだ。ありがたい」と言って、ご主人が食卓をみてビックリ仰天しました。なんと、食卓にご主人用のお皿があって、千円札と五百円玉が置いてあったからです。

奥さんが言いました。「すごい夕食でしょ。よくお醤油をかけて味わって食べてね…。いつもあなた愚痴ってるじゃない。人は金がなくては食べていけないって」。その後、この夫婦がどうなったか？　は想像に任せます。

毎日、資金繰りに追われているある経営者は、「お金は空気である」と言ったそうですが、この方は、お金を吸って生きているのかもしれません。

よく、「お金がなくては幸福になれない」と言われます。確かに、食材を買い、ガス、電気、水道代、車、電車代、日用品すべてお金が必要です。お金がなければ日常生活ができません。だから、金、の前に「お」をつけて尊敬語にするのでしょうか？

お電気とか、お水道とは言いませんよね、しかし、見方を変えると、お金ほど役に立たないものはないのです。

まず、いくら腹が減っていても紙幣を食べますか？　ヤギなら食べますが、夫は人間です。では、メモ用紙に使えますか？　残念ながら野口英世さんや樋口一葉さんが頑張っていて一文字も書けません。せめてトイレットペーパーに使ってみますか？　傷つきますよね。じゃあ、そんなに役に立たないからと言って一万円札を燃やせますか？　寒い日に野外で体を温めることもできないのです。「紙幣なんて持っていても何にも役に立たない。全くやっかいなものだ」と、一生に一度は言ってみたいものです。

しかし、そんなにも役に立たないはずのお金、紙幣が何十枚、何百枚、何千枚となると、人間性が悪化して、欲望が噴出し、憎しみ怨みで人間同士が争い合い殺し合い、人間関係、国家関係までが破壊されていきます。なぜなら、お金で、土地、家、地位、さらに人の心まで手に入れることができるからです。

それゆえ、「お金は大変嘆いている」と文鮮明先生は語られています。お金は自分を用いて人々に幸福になってほしいと願っているのに、自分によって人の心が悪くなり、憎しみと欲望で、争いが起こり、お金の歴史はいつも醜い歴史になってしまったのだ、と嘆いていると言われるのです。

では、お金はどんな人に所有されたいと思っているのでしょう。それこそまさに真の財運の人といえます。

文鮮明先生の観点からいうと次の三点になります。第一に、お金をたくさんもっても心の清さを失わない人、第二に、お金をたくさんもっても、愛の変わらない人、第三に、お金をすべて失っても、心の豊かさを失わない人、となります。

どうやら、お金から尊敬される人、お金から感謝される人、お金から使われたいと願われる人、とは、愛天愛人愛国の精神で生きる人のようです。

「お金は必要ですが、全体のため、愛を実現するために必要なのです。」（『愛天愛人愛国』１２８ページ）

28 天下万象は神様の愛と共に存在する

◎中身は皮の精誠の結実

もし誰かがあなたのことを、「あいつはゴミみたいな奴だから、捨ててしまおう」と悪口を言うのを耳にしたらどう思いますか？　きっと激怒するに違いありません。「ゴミ」と言われ、「捨てる」と言われて、気分のよくなる人はいません。

「ゴミ」「捨てる」の言葉には、いらなくなって不要、役に立たない、放っておくと害になる、といった卑下した意味が込められています。会社や団体から働かされて、最後は、「ゴミ」として、「捨て」られたら、傷つき、怒り、ついには憎しみ怨みを抱きます。人に対しては絶対に語ってはならない言葉が、「ゴミ」「捨てる」なのです。

では万物に対してはどうでしょうか。万物には日常的に平気で使っています。ゴミ捨て、ゴミ箱、ゴミ回収、燃えるゴミ、燃えないゴミ、粗大ゴミ。では、捨てられ焼却される「ゴミ」と呼ばれる万物は傷つかないのでしょうか。

文鮮明先生は、万物はすべて神様の創造物であり、愛に感応する、と説かれています。もし愛情も感謝もなく食べようとすると、「食べ物が『口の中に入っていかない』と言って、ぶるぶると震え…『私は悔しい』と言いながら大声で叫ぶというのです。彼らもみな、愛のために生まれたのです。」（『愛天愛人愛国』116ページ）

生ゴミとは、食べ残し、果物などの不要になったものです。例えば、バナナの皮はどうでしょう。中身を食べてしまえば、燃えるゴミとして捨てるでしょう。保存すれば、悪臭が漂い、夏の暑い日には、ばい菌がたかってきて、生活に害をもたらします。

燃えるゴミとして早く捨てなくてはいけないのですが、バナナの皮は何のためにあるのでしょうか？

あたりまえですが、バナナの皮がなければ、バナナの中身はありません。人間にバナナの中身を食べさせるために、一番苦労したのは、実は、皮なのです。夏の暑い日差しを浴び、風雨にさらされたのは皮なのです。人間のために、中身を育てて、おいしく食べてもらうためです。

まるで母親が子供を社会で役立つために苦労と忍耐で育てるかのようです。中身は皮の精誠の結実です。だから、皮に対して心から感謝しましょう。「バナナの皮さん、本当にありがとう、お役目ご苦労様でした」。そして、邪魔だから焼却するのではありません。人の食生活を豊かにするために、天から来たので、天にお送りするのです。

焼却とは昇天儀式です。ゴミ箱は「送り箱」、回収日は、「お見送りする日」、回収車の奏でるのは、「天送鎮魂歌」なのです。食べる部分も食べられない部分も神様の創造物で愛が込められています。

「神様の愛を中心とする創造理想世界、すなわち大宇宙のすべての存在物は、どれ一つをとってみても、神様の心情の外で生じたものはありません。今日私たちは、このようなことに対して、あまりにも無視し、無関心でした。私たちの周囲で無意識のうちに繰り広げられている天下万象は、神様の愛と共に存在するものであるという事実を知りませんでした。」(『愛天愛人愛国』１０３～１０４ページ)

29 億万長者「ウォール街の魔女」の悲劇

◎世界を生かすために節約する

ギネスブック公認の「世界一ケチ」だった女性を知ってますか？　アメリカで、「ウォール街の魔女」と言われたヘティ・グリーン（１８３４—１９１６）です。

女性一人で、日本円にして約２００億円の財産を貯めました。彼女は、事業経営をしたわけではありません。ずばぬけた勘で、先物取引、株で稼いだのです。

「安値で誰も欲しがらないときに品物を買う。そして、それが値上がりして、人々が買いたいと強く願うようになるまで、相当な数のダイヤモンドを持つように、持ち続ける。これが事業で成功する一般的な秘訣だ。」（１９０５年11月ニューヨーク・タイムズ記者に語る）

しかし、彼女をして、「ウォール街の魔女」と言わしめたのは、桁外れのケチでした。まず衣服です。30代から81歳で死去するまで着た服はたった一着の黒いドレスだけ。水道代を節約して洗濯をあまりしなかったようです。当然、悪臭が漂います。臭いとともに現れ、臭いとともに去っていったのです。

もし皆さんが２着以上服を持っていて出かけるとき、「何を着ようか」迷っているなら、数百億は貯まりません。では、食生活は、朝昼晩と豪華な食事？　彼女は一日、パン一切れと玉ねぎ、ゆでた豆、これだけでした。肉？　卵？　ハム、ソーセージ？　一切なし。素材を温める燃料代を節約したのです。

では、住居は？　大概のお金持ちなら、広大な土地を買い、庭にプール、地下にアスレチックルームの豪邸に住むでしょう。ところが、彼女は一生、超安い賃貸住宅を転々としたのです。住む場所も住民税の安い州を選んだそうです。

身なりは一見ホームレス、財産は数百億。みすぼらしく異臭漂う彼女が銀行にくると、頭取が平身低頭でお迎えしたそうです。

ある会社の社員が、雑用の仕事を乞いに来たおばさんと勘違いして、追い返そうとしたそうです。彼女は言いました。「あんたの会社が私から数千万借りたいというからわざわざ来たのよ」。

驚いたことに彼女は結婚したのです。富豪で実業家の男性です。結婚の条件は、夫婦の財産は互いに別々に管理すること。やがて、夫の会社は倒産寸前まで追い込まれていきます。しかし、妻である彼女は、一切援助しませんでした。このため、二人は離婚。会社は倒産。男性は失意のうちに病死します。

彼女の経済新聞の読み方はすごいです。二人の子供がいましたが、読んだ跡がつかないように丁寧に読み、その後、子供に売りに行かせたそうです。読者の皆さんはサンデー世界日報を読み終わったあと、どうしていますか？

その子供が足を脱臼して泣き叫びます。彼女は自力で治そうとし（治療費節約のため）、だめだとわかると、なんと「無料診療所」に行くため、貧しさを証明するための「診療券」を家中探しまくったのです。何時間後にようやく連れて行ったときは手遅れとなり、それが原因で足を切断することになったのです。

晩年、友達に夕食会に招待され、夕食が贅沢だと騒ぎ立て、脳卒中を起こし、それが原因で死にました。

文鮮明先生も節約を強調しましたが、節約したお金を世界人類のために使ってこそ人生に価値が生ずると言われています。

「飢えて死んでいく人を考えて節約すれば、天運が保護します。」（『天運を呼ぶ生活』58ページ）

「『お金を節約しなさい』と言うとき、自分が金持ちになるために節約するのではありません。……世界を生かすためです。節約して世界のためにたくさん使ったとすれば、世界から尊敬されるのです。」（同51ページ）

30 先祖を愛しなさい

◎先祖の解放は子孫しかできない

〈先祖A蔵の嘆き〉

お盆なので懐かしい子孫の家を訪ねてみたら、鍵がかかって入れなかった。近所の人の話をひそかに聞いてみたら、お盆休みを利用してディズニーランドに家族で泊まりがけで遊びにいったらしい。私は、年に一度、子孫に会う日を指折り数えて待っていたのに…。子孫たちは先祖の心を無視して、ミッキーマウスやドナルドダックに会いに行ってしまった。

私より、ネズミやアヒルが尊いのか、誰のおかげで毎日の生活が守られていると思っているんだ。もういい、これからは危険な目に遭っても守ってやらないぞ、ミッキーに頼ったらいいのだ。お彼岸にも来る気がなくなったよ、悲しいよ、切ないよ。

〈先祖B吉の嘆き〉

お前、子孫からひどい目に遭わされたんだね。同情するよ、俺のほうがまだよかったのかな。いや、やっぱり子孫の仕打ちを考えると腹が立ってくる。落ちこんじゃうね。俺の子孫は先祖を迎える準備はしていたんだけど供え物がひどかったな。確かにおはぎは供えてあったけどプラスチック入りのままで開けられないのだ。しかも、「20%引」のシールが張ってあるじゃないか。あえて、夜8時過ぎに買いにいって値切ったらしい。それに、よく見ると賞味期限が切れてるんだよな。なんか変な臭いがするし、食べると下痢おこしそうだよ。

いくら先祖が目に見えないからって、そりゃあないだろ。しかも、生前に俺が食べたことのないものが供えてあるんだ。「ぷりぷりプリン」とか。結局、自分たちが食べたいものを置いとくだけで、先祖の気持ちなんて全然考えていないんだよな。

苦労して子孫の家までたどり着いたけど、こんな冷たい目に遭って傷ついたよ、切ないよ。


〈先祖C子の喜び〉

みんな可哀想ね。私は子孫にとてもよく接待されてうれしいわ。よい子孫をもってとっても幸せ。私の子孫は貧しいけれど、家族でそれはそれは先祖を愛し大切にしてくれるのよ。

おはぎはスーパーで買わずに、みんなで心を込めて作ってくれるし、きれいなお皿にちゃんと先祖が食べれるようにお箸までそえてあるのよ。感謝感激だわ。

3歳の小さな子供まで楓《かえで》のような可愛い手を合わせて、先祖さんどうぞお召し上がりくださいって言うのよ、涙が出ちゃうわ。だからどんなことがあっても子孫を守ってあげるって、心から思っちゃうの。いつまでもいつまでも、事故のないように、生活に困らないように、守ってあげるわ。

文鮮明先生は、「先祖を愛しなさい。」(『愛天愛人愛国』97ページ)、「先祖の解放は、子孫でなければする人がいません…先祖は、子孫が助けてあげなければ行く道がありません。」(『愛天愛人愛国』95ページ)と言われています。

あの世に旅立った先祖たちの事情と心情をよく理解してあげ、先祖を愛してあげ、先祖を幸福に導いてあげることを指導されています。

先祖に安らぎを招く「いのちの言葉」。今週のサンデー世界日報を一番読んでほしいと願っている人は誰でしょう。決まっているでしょ。それは、あなたの先祖です。

第四章

おうちに美しさをもたらす「いのちの言葉」

31

掃除は「おうち」への愛の実践

◎愛された恩返しに主人支える

〈A家の床の嘆き〉

「ご主人が足で踏んだ汚れが体に染み付いてかゆくてしょうがない。365日いつ体を拭いてくれるかと待ち望んだけど、ついに一日もなかった。年末には、大掃除で雑巾掛けしてくれると思ったけれど、その気配もなかった。とっても切ないです」

〈B家の床の喜び〉

「えーそうなんだ。信じられない。私のご主人は毎日丁寧に私の体を拭いてくれるよ。おかげで体全体がぴかぴか輝いて、とっても気分爽快で嬉しくてしょうがない。だから恩返しに大地が揺れても水平保って、ご主人を支えていこうと気合い入れているんだ」

A家の床は、毎日、不愉快。B家の床は、毎日、愉快、です。読者の皆さん、あなたの家の床はどちらですか。一度、家の床に聞いてみてください。「私を主人にもって幸せですか?」と。えっ怖くて聞けないですって。

家庭円満の秘訣、それはあなたを支えている床から感謝される生活、床掃除なのです。私たちが生活できるのは、何のおかげでしょうか。「決まっているでしょ。お金ですよ」。そう答える奥さんもいるかもしれません。

では預金通帳やＡＴＭカード、金庫が雨や暴風雨から守ってくれているのですか。紙幣が歩く体を支えているのですか。たとえ雪や大雨のときでも、家でぐっすり眠れるのは、床が水平を保ち、屋根天井が雨に濡れ、壁窓が横殴りの風を防いでくれているからです。つまり、私たちは、「おうち」のおかげで生活できているのです。24時間、残業をいとわず、私たちのために働いてくれているのが、「おうち」なのです。おうち、から愛され、お世話になって生活しているのです。その恩返しが、「お掃除」なのです。お掃除は愛の実践です。

文鮮明先生は高校時代、誰よりも学校を愛しました。

「学校の掃除は自分一人でやりました。人よりも学校をより多く愛したい心がおのずとあふれてきて、そうしたのです。誰かが手助けしてくれるのも申し訳なくて、一人で仕上げようと努力し、人が掃除した場所ももう一度自分でやり直しました。すると友人たちは皆、『それじゃあ、おまえ一人でやれ』と言って、自然と学校の掃除は私の役目になりました。」(『自叙伝』70〜71ページ)

文鮮明先生は自分と密接な関係をもつ環境は自分の体と同じだと言われます。人は誰でも自分の体を清潔に保つためにお風呂に入ります。同じように「おうち」も掃除してあげるのです。すると、「おうち」はご主人の愛を感じて恩返しするようになります。感謝と喜びを万物ネットで周辺に伝えてご主人を支えるのです。

「私のご主人様は愛があるからこの家に来たら大切にされるよ」

それでは掃除を実践して、とってもお得なことがあった大阪の婦人の話を紹介します。

「お掃除を心がけ、部屋がすっきりしました。すると不思議なことに、いろいろと物が集まるようになりました。電化製品をもらったり、夫の仕事の関係から新品のトイレ洗浄機をもらったり。まさに物を愛すれば財運が来るのですね。何よりも、自分の気持ちが整理され、以前よりも上がり下がりが少なくなり、心の落ち着きを感じるようになりました」。

32 環境を美化する

◎汚れた部屋は悪霊たちも引き寄せる

親子の悪魔が呆然と立ち尽くしています。子供の悪魔がつぶやきました。「お父さん、悲しくなるほど清潔なトイレだね」。

お父さん悪魔がうなずいて答えました。「そうだな、このトイレに俺たちの居場所はない」。すっかり落ち込んだ悪魔の親子は手をつないで去って行きました。

これは陶器メーカー、ＴＯＴＯのコマーシャルです。ちなみに親の悪魔をビッグベンと言い、子供の悪魔をリトルベンといいます。

悪魔に親子がいるとは思えませんが、汚れたトイレには悪魔が喜んで住み着くと言ってるようです。とすれば、掃除をせず、汚れっぱなしの家は、悪魔の親子のこんな会話が聞こえてきそうです。「お父さん、楽しくなるほど、汚れている家だね、玄関も台所もトイレも最高だね。僕、良いこと思いついちゃった。友達にも紹介して連れて来ようかなって」。

お父さんもうなずいてこう言いました。「こんなに掃除しない家は掘り出し物だね。住み心地満点だよ。永住しようかな。そうだ、親戚に呼びかけてみんなで楽しく住もう。一人で住むなんてもったいない」。

なんだか掃除しない家のコマーシャルみたいですね。

文鮮明先生は悪霊の存在と働きについて、『原理講論』で論証しています。

「善神というのは、神と、神の側にいる善霊人たちと、天使たちを総称する言葉であり、悪神というのは、サタンと、サタンの側にいる悪霊人たちを総称する言葉である。善神の業は、時間がたつにつれてその個体の平和感と正義感を増進せしめ、その肉身の健康をも向上させる。しかし、悪神の業は、時間がたつにつれて不安と恐怖と利己心を増進せしめ、また健康をも害するようになる。」

(『原理講論』１２０ページ)

悪霊人たちは、掃除しない汚れた環境が大好きで、やりたい放題、家族関係を切り裂くのです。夫婦円満、家族円満のためには、掃除、整理整頓、清潔は絶対必要です。汚れた部屋にばい菌がたかるように、見えない悪霊たちも引き寄せてしまうのです。

こんな話があります。ある婦人は掃除、整理整頓、ごみ出しができなくて、ついに家中が不要なもので密林のようになってしまい、タタミも床も見えなくなったそうです。夫婦・親子喧嘩が絶えません。

困り果てた婦人はお掃除の得意な友達に家の清掃を頼みました。整理整頓プロジェクトチームが密林化した家に投入されて徹底的に掃除貫徹しました。その結果、見違えるような部屋に変わったのです。

夕方、ご主人が帰ってきました。「ただいま」と言って玄関に入るなり、あわてて、「すみません。家を間違えました」と叫んでドアを閉めたそうです。救援隊婦人が追いかけていって困惑するご主人に、「あなたの家ですよ」と説得したそうです。

家庭はもちろん、会社、学校などの環境を掃除し整理整頓して美化することは人間関係円満の秘訣です。

文鮮明先生の奥様の韓鶴子夫人がある会社を訪問したとき指摘されました。「ここに来てみると整頓がちょっとうまくいってないようですね。…もう少し環境を美化するように神経を遣ってくださればありがたいです。」（『愛の世界―韓鶴子女史御言葉選集』、光言社、97ページ）

第五章
自然万物に喜びをもたらす「いのちの言葉」

33 自然との交感を楽しむ

◎自然の中に神の光を観るのが観光

とってもお得な観光旅行を紹介します。充分楽しめてしかも無料なんです。交通費・宿泊費はいりません。あなたの心が豊かになりさえすれば、いつでもどこでも観光できるのです。

観光は、「光を観る」と書きますね。日本にはすばらしい観光地がたくさんあります。箱根もそのひとつです。東京から車や電車に乗って箱根に行きます。箱根駒ヶ岳や芦ノ湖を観光して温泉に入り、身も心もリフレッシュします。

でも、そろそろ家に帰らなければなりません。明日から仕事が待ってるからです。今度、観光できるのは来年でしょうか、それとも再来年？　そんなことはありません。あなたの観光眼を少し変えれば、いつでもどこでも観光できるのです。

会社に行く途中、道端に花が咲いていませんか？　大空に雲がたなびいていませんか？　家のそばに雑草がはえてませんか？　門前に木が立ってませんか？

それらの自然は観る価値がないのでしょうか？　箱根だけが観光価値があるのでしょうか。そうではありません。もしあなたに、文鮮明先生の言われる「自然との交感を楽しむ」心があれば、雑草にも輝く光を観ることができるのです。

「神様がつくられたすべての存在を愛の対象として感じなければなりません。博物館にある一つの作品がいくら立派だとしても、生きている神様の作品には及びません。道端に咲く一輪のタンポポが新羅（古代朝鮮半島の国家）の金の冠より貴いのです。」（『自叙伝』316ページ、カッコ内浅川）

「門前の、何の価値もなく立っているように見える一本の木を見ても、世界の名作、画家が描いたどのような絵とも比較できません。」（『天運を呼ぶ生活』168～169ページ）

文鮮明先生は、自然の「ひまわり」が、ゴッホの名画「ひまわり」よりも価値があると言われるのです。なぜなら、自然のひまわりには、命があって香りがあり、繁殖するからです。絵画の「ひまわり」は芸術的に最高であっても、命そのものでなく、香りを発散せず、増えることもありません。増えたら、美術館が「ひまわり」だらけになってしまいます。

ところが、自然のひまわりは神様の作品そのものです。花畑こそ自然の大美術館なのです。

自然の「ひまわり」に神様の愛を感じる心があれば、神様の光を観ることができるのです。観光とは、自然の中に神様の愛の光を観ることを言うのです。

「春の雨はぽつぽつ降り、秋の雨はぱらぱら降る、その違いを感じることができなければなりません。自然との交感を楽しめる人であってこそ正しい人格が身に付くと言えます。道端に咲いたタンポポ一本が天下の黄金よりも貴いのです。自然を愛し、人を愛することのできる心を備えておくべきです。」（『自叙伝』52ページ）

じつは、自然との交感を楽しむ人は、もっとお得な観光ができるんです。観光の対象は、あなたの傍にいる夫や妻です。

交通費を使って出かける必要はありません。いつも家で待っていてくれたり、家に帰ってくるではありませんか。自然よりもはるかに貴い作品が、夫、妻なのです。自然よりももっと輝く光を放っているのです。

そうです。もっともお得な観光とは、夫婦の中に光を観る、ことなのです。

34 動物も愛を知っています

◎犬に学ぶ「ひたむき」と猫に学ぶ「かわいげ」

年に一度もご主人を散歩に誘わない奥さんがなぜ毎日、愛犬を散歩に連れて行くのでしょうか？いつも猫を膝で抱っこして頭をなでてあげるご主人が、なぜ奥様に声さえかけないのでしょうか？なぜ、犬や猫がこれほど愛されるのでしょうか？

まず、犬について考えてみましょう。犬は一言で言って、ご主人に対してひたむき、なのです。コンビニの外に犬をつないでご主人が買い物に入ります。外で犬はひたむきにご主人の帰りを待っています。

ドアが開くたびに、今か、今かと、ひたむきに待ってるのです。ご主人が出てくると、〝やったー〟と嬉しそうに尻尾を振ってじゃれてきます。「遅くなるなら先に帰るからね」とあっさり去っていく奥さんとちょっと違いますね。

犬はご主人のためなら命がけで守ります。夜、泥棒が家に忍び込もうとすれば、吠えて追い払います。社会奉仕にも献身的に取り組んでいます。盲導犬、警察犬、空港では麻薬発見係、被災地では行方不明者を探す等々。犬は、ひたむきに人への愛の実践をしてるのです。

では、猫はどうして愛されるのでしょう？　一見すると、何の役にも立ってないように見えます。番猫、なんて聞いたことないですね。

夏目漱石の「吾輩は猫である」の主人公猫はひどいものです。ご主人の部屋に忍び込んだ泥棒から「しーっ」と指示されると沈黙し、ご主人の大事なものが盗られるのを観察して、あとで小説に書くのです。

また、盲導猫、警察猫などありえないし、麻薬捜査などしたら、麻薬を、またたび、と間違えて舐めてしまい、麻薬中毒にかかるのがおちです。では、そんなに役に立たない猫がなぜ人から可愛がられるのでしょうか？

実は、猫には犬には到底及ばない特殊能力があるのです。ご主人の家に幸運をもたらす運気をもっているのです。

招き猫、と言い、招き犬とは言いませんね。動物の貯金箱もたいてい猫です。今、子供たちに人気絶頂なのは、妖怪ウォッチのジバニャンです。

一日中、外で遊びまくって、食事時には帰ってきて、いただくものはしっかり食べる。あとは、目を細めて、ご主人のひざ元で喉をごろごろならして、ニャー、ニャーとすり寄っていく。そんな、愛らしさが猫の天性なのです。まさに、人生にゃんとかなる、なのです。猫は〝かわいげ〟によって幸運と安らぎを人に与え、愛の実践をしているのです。

さあ、もうお分かりになりましたね。なぜ、奥様が散歩に誘ってくれないか、犬にあって、ご主人にないもの、それが○○○○です。

なぜ、夫から声をかけられないのか、それは、猫にあって、奥さんにないもの、それが○○○○です。○○○○に適切な言葉を入れられた夫婦は円満の道が開かれます。

ところで文鮮明先生が幼いころとてもかわいがっていた犬がいました。学校から戻ってくると家の外の遠くまで迎えにきたそうです。顔をこすりつけて、慕ってくる犬に向かって言いました。

「愛が何であるのか分かるのか。それほど愛がいいのか。」（『自叙伝』47ページ）

動物も愛を知っています。

35 父母の愛は真の愛

◎家族円満に導いたハムスター「チャム」

ある家族がハムスターの雄と雌を買ってきました。瞬く間に子供がたくさん生まれました。お母さんハムスターは目がやさしく慈愛に満ちています。家族は「チャム」と名付けました。「チャム」とは韓国語で、「真」という意味です。家族は檻《おり》の中に小さな屋根付きハウスを買ってあげました。

ある寒い日のことです。「チャム」は家の中に子供たちを入れて屋根で寝ていました。「チャム」の母性愛に息子娘が感動して、「チャムはえらいなー」と叫びました。

ご主人も感動したのですが、つい一言、「この姿勢が、お前と違うところだな」と奥さんに言ってしまったのです。奥さんは「その言い方は、なによ」と怒り出し、それ以後、夫婦の会話は途切れてしまいました。

その日の夜中、あまりにも寒くて奥さんが起きてみると、なんと、ご主人が、子供たちの掛布団まで引き寄せてくるまって寝ており、子供たちは掛布団なく寝巻だけで寝ていたのです。

奥さんはカッときて、ご主人をたたき起こし、「なによ、子供の布団まで奪って寝て、あんたの方こそ、チャムを見習ったらどう」。夫も何やら言い返し、ますます、夫婦関係に亀裂が入っていきました。

ところで、優しい「チャム」にも性格が獰猛《どうもう》な子供がいて、兄弟たちに噛みつき、追っかけてはいじめているのです。家族は「キキ」と名付けました。うるさいからです。母親が、息子に向かってつい、「あんたもキキと同じだね。いつも妹をいじめてさ」と言ってしまいました。息子はそれ以来、母親と口を利かなくなりました。

夜になると、キキがごそごそ動いてうるさいので、母親が首をつかんで捨ててしまいました。子供には、「自分で逃げ出したんだよ、何せ気ままだからね」と知らんふりしていました。

数日後、子供が「キキが帰ってきたよ。性格は悪くても、やはりお母さんが恋しいんだね」と言いました。母親はギクッとしました。数日間、半狂乱だった母親「チャム」は嬉しそうに「キキ」と再会しました。

こうして、一時は気まずい雰囲気でいた家族でしたが、「チャム」の愛を見ているうちに、互いのために少し犠牲になり、譲り合うようになって円満な家族になっていきました。

そんなある日、外で寝ていた「チャム」はもう目覚めることはありませんでした。とても安らかな永遠の眠りについたのです。まるで、自分の使命が終わったかのようでした。家族は「チャム」のお墓をつくり、泣いて見送りました。

「チャム、ありがとう、いろいろ教えてもらって、おかげで、家族が一つになれたよ」。誰しもが心でそう語りかけました。真の愛を教えるために天から遣わされたのでしょうか。真の愛を韓国語で「チャムサラン」と言います。

文鮮明先生は、水鳥の母親が雛を育てる姿をみて言われています。

「水鳥も父母の真の愛を知っていました。母鳥が命を捨ててまで雛を守ろうとするその心は、真の愛そのものです。父母はいくらつらくても愛の道を行きます。愛の前に自分の命を投げ出していくのが父母の心であり、真の愛です。」（『自叙伝』２１９ページ）

36 自分の前にある物を愛し、万物を愛する

◎拾った捨て犬が我が家の平和大使

片足の不自由な犬がいました。幼い頃、飼い主から虐待されて、足を折り、公園に捨てられたのです。以来、苦難の日々が続きました。雨の日はずぶ濡れになり、暑い日は喉が渇き、ごみ箱を漁りながら、細々と生きながらえていました。

やせ細って骨と皮だけになり、生きる希望を無くして、息絶える寸前になってしまいました。公園の木陰の隅に横たわり、ぐったりとうなだれて死を待っていました。

その日も雨が激しく降りしきる日でした。犬は、「雨と共に去りぬ、か」とつぶやいていました。その時です。「まあ、かわいそう、雨でびっしょり濡れちゃって。それに足が折れているようだわ」と天女のような優しい響きが聞こえてくるではありませんか。

首を上げてみると、傘をさした女性と隣に男性が立っていました。夫婦だったのです。妻は夫に言いました。「ねえ、かわいそうだから、家で飼ってあげましょうよ」。夫はうなずいて「そうしよう」と言い、妻がハンカチで犬の雨を払い、夫が犬を抱きかかえて、家に連れ帰りました。犬は涙

を流して誓いました。

「忠犬ハチ公先輩に負けずに、ご主人夫婦のために命ある限り尽くそう」。

ある日のことです、ちょっとした言葉のすれ違いで、夫婦が喧嘩寸前になりました。お互いが沈黙し、気まずく緊迫した雰囲気が漂います。いつもだと、どちらかが怒りの一声をあげて、夫婦紛争が勃発するのです。が、まさにその第一声が上がらんとするとき、いきなり、犬が「ワン、ワン、ワン」とけたたましく吠え出しました。

子犬のとき人間に虐待を受けて足を折ったときの恐ろしい記憶がよみがえって、緊迫し張りつめた波動を感じて吠え出してしまったのです。

ビックリした奥さんが駆け寄ってきて、「ごめんなさい、驚かしちゃって、怖かったのね、大丈夫、もう喧嘩しないから。安心してね」と慰めました。

夫も「怖がらしてしまったな、喧嘩はやめだ」と仲の良い夫婦にもどりました。犬は一声で夫婦紛争を未然に防いだのです。

とはいえ、夫婦のことです。その後もしばしば喧嘩寸前にまで行きましたが、その都度、犬が吠え出し、これが警報装置になって、喧嘩は未然に防がれました。雨の日の犬のおかげで、夫婦円満に導かれ、家庭の平和が保たれたのです。

夫婦は「このワンちゃんは、我が家の平和大使だ」と感謝しました。それを聞いた犬はこう答えました。

「それは違いますご主人様。私のみじめな境遇を憐れみ、養ってくださったあなた方夫婦のおかげです。お礼を言うのは私の方です。人生ワンチャンス。人のために生きる喜びを与えてくださり、愛してくださってありがとうございます」。

文鮮明先生は言われます。

「自然を愛し、人を愛することのできる心を備えておくべきです。自然も、人も愛せない人は、神を愛することはできません。」（『自叙伝』52ページ）

「神様を愛するときは、自分の足元から愛するのです。自分の前にある物を愛し、万物を愛するということです。」（『愛天愛人愛国』１０７ページ）

第六章

神様に感動をもたらす「いのちの言葉」

37 朝起きたら最初に神様に挨拶

◎一番のお年寄りから祝福を受ける

ある家にとびきり気立ての良い孫とおじいさんがいました。おじいさんはとっても幸せでした。おじいさんの至福の時、それは朝でした。うつらうつらして、目が覚めるような寝ているような、そんな時、廊下から小さな足音が聞こえてきます。

まるで天使のように軽やかにおじいさんの部屋に近づいてきます。部屋の前で立ち止まり、小さな手で部屋の戸を開けます。「おじいちゃん、おはよう」。可愛い孫の声がおじいさんの心に染み入っていきます。この瞬間が最高に幸せな時なのです。

孫はいつも、お父さん、お母さん、お兄さん、お姉さんよりも最初におじいさんに「おはよう」と挨拶をするのです。朝の挨拶を最初に受ける人が一番愛されているのです。朝の挨拶は、愛の実践です。文鮮明先生は、幸福な家庭とは、「朝起きれば、お父さんとお母さんも、おじいさんのところに行ってあいさつし、孫と孫娘もあいさつしなければなりません」（『愛天愛人愛国』80～81ページ）と言われています。

この孫は家から出かけるとき、「おじいちゃん、遊園地にいって遊んでくるよ」と報告します。おじいさんも一緒に行きたいのですが、腰痛で動けません。でも孫を思う心はいつも一緒です。「滑り台で落っこちないように」と心配するおじいさんの思いが孫を守るのです。

孫は家に帰ってくると必ず「おじいちゃん。帰ってきたよ」と挨拶します。おじいさんは心から安心します。「出かけるときも帰ってからも話しかけてくれる。なんてありがたい孫なんだろう」。おじいさんの目に涙がこみ上げてきます。孫は「遊園地でこんな遊びしたよ」などと止めどもなくおじいさんに聞かせます。

「そうかい。そうかい」と、うれしそうにおじいさんはうなずきます。

やがて夕食が終わって夜になると、孫がパジャマ姿で寄ってきて、「おじいちゃん。お休みなさい」と挨拶します。おじいさんにとって夜も喜びのひとときなのです。このような孫をもったおじいさんは幸せですね。

朝起きたとき、家を出るとき、帰ったとき、夜寝るとき、挨拶することは、おじいさんを幸せにするとともに孫もまた幸せになるのです。なぜなら、おじいさんがうれしくていつも孫を愛し、守ってくれるからです。

「でも、うちにはおじいさんはいないんだけど」とがっかりすることはありません。実は、あなたの家にはとてつもない超おじいさんがいるんです。それが神様なのだと、文鮮明先生は言われるのです。

「年をとった人に良い食べ物を差し上げ、私は食べなくても、飢えてもよいと思えれば、その家を神様が、一番年を取った神様が、一番年を取った師が、一番年を取った主人が祝福してくれるでしょう。」(『愛天愛人愛国』81ページ)

一番の年寄りは神様だったのです。お年寄りの中のお年寄りなのです。だから、朝起きたらまず、超最高齢のおじいさん、神様に「おはよう」と挨拶すると、喜ばれるのです。喜んだ神様から愛されて家庭円満になるのです。

朝起きたときだけでなく、「夫と妻が共に、その日の仕事を神様の前に報告して、行って仕事を始め、終えて帰ったときも、神様の前に報告をしてからご飯を食べるようになっています」(『愛天愛人愛国』46ページ)と文先生は言われています。いつでも、どこでも神様に挨拶したら福運が来るのです。

ある奥様は、「そんなこと言ったって、買い物まで神様に挨拶する必要ないでしょ」と言うかもしれません。それでも報告したほうがいいのです。食品を買う寸前に店員が半額シールを張るかもしれませんよ。超おじいさんである神様から見れば、どんなに年をとった人もヨチヨチ歩きの孫なのですから。

38 神様はすべての愛を注いで私達を造られた

◎私の父母は神様です

「あなたのお父さんとお母さんは誰ですか？」と尋ねられたら、山田さんなら「はい、山田太郎、山田花子です」と答えるでしょう。それと、同じように何の迷いもなく「天の父母様、神様です」と答えることができたら、あなたはきっと幸せな人です。なぜなら、肉親の父母の愛と、天の父母様の愛を感じられる人だからです。

では、小学3年生に、「あなたは誰のおかげで、毎日生活し学校に通っていられるの？」と聞けば、「父ちゃん、母ちゃんのおかげだよ、父ちゃんが働いて、母ちゃんが食事つくってくれるから」と気立てのいい子なら答えるでしょう。

では、サンデー世界日報を読むまでに成長したあなたに尋ねます。誰のおかげで、生活できていますか？「誰のおかげで生活できているかだって、俺が働いて、自分の力で生きているんだ。それに俺の父母はもう5年前に死んだよ」と答えたら、きっとあなたは、本当の幸せを味わっていない人です。

すでにお亡くなりになった父母の愛を受けられなくても、天の父母である神様の愛を味わっていないからです。自分の力だけで生きている？　確かに、働いて給料をもらい衣食住を保っています。お金がなくては食べることさえできません。これは事実です。しかし、その根本になっている真実を忘れてはいませんか？

実は、あなたがお金を払わずに供給されている根本的なものがあるのです。それが空気です。あなたは毎月、空気吸い込み代金を振り込んでいますか？　毎月、空気の基本料金請求がありますか？　食べなくても何日かは生きていけますが、空気を吸わなかったら一瞬で息絶えます。

では太陽はどうですか。太陽は熱と光を間断なくあなたに注いでいますね。蛍光灯と暖房機の電気代は支払いが必要ですが、太陽の熱と光に燃料費を払ったことがありますか。電気代は滞納すれば止まりますが、太陽は停止することなくあなたの生活を支えています。それどころか、あなたの食卓に並ぶ御飯、野菜、魚、牛肉・豚肉など、すべて太陽、空気がなければ、存在すらできません。これも事実ですよね。

私たちは、肉親の父母の力や、自分の力で生きる以前に、太陽や空気をおつくりになった天の父母である神様から生かされているのです。

なぜ、そこまでして、あなたを養うのでしょうか？　天の父母様があなたを愛しているからです。あなたが神様を信じようと信じまいと、感謝しようとしまいと、無償の愛、無条件の愛で、愛しているのです。この天の父母の愛を感じられることが幸福なのです。

私たちの最高のお宝は、宝石やダイヤモンドではなく、天の父母様の愛を感じられる心なのです。お金は一円もいりません。心を少しだけ神様に向けるだけでいいのです。

神様の愛を感得された文鮮明先生は、若き日に天の父母の愛に目覚めてこう語られています。「私たちは全員、偉大な人間として創造されました。何の意味もなく皆さんがこの世界に出てきたのではありません。神様は、自分のすべての愛を注いで私たちをつくりあげられたのです。ですから、私たちはどれほど偉大な存在でしょうか。神様がいらっしゃるので、私たちは何でもすることができるのです。」（『自叙伝』３２７ページ）

39 あなたが会いたがっている神様です

◎人は誰でも尊いのです

ある人が、一生懸命、祈っていました。

「神様、あなたに会いたいです、そして私がどうしたら幸せになれるのか、教えてください」。

神様は毎日熱心に祈る姿に感動して心を動かされ、この人の家をたずねて悩み事を聞いてあげることにしました。

しかし、神様の心は愛でいっぱいでありましたが、体がありません。祈る人の横や前で祈りを聴き適切な回答をしていたのですが、その人は神様の声を聴く耳をもっていないようで、相変わらず、「神様会いたい、答えてください」と祈っているのです。

そこで、神様は人間の姿になって現れることにしました。まず、とても可愛らしい3歳の男の子になって、家の扉をトントンとたたきました。「はーい、どなたですか」とその人がでてきました。玄関に立っている3歳児をみてビックリして言いました。「どこの坊やなの。何でうちにきたの」。

坊やに変身した神様は言いました。「あなたが会いたがっている神様です」。

その人はあきれて、「何馬鹿なこと言っているの。あんたみたいな幼い子が神様ですって、変なこと言わないでよ。あんたなんかに、私の悩みがわかるわけがないでしょ。とっとと親元に帰りなさい」と叱りつけ、ドアを閉めてしまいました。神様は戸口に立ちつくして、「3歳の子供にも耳を傾ける謙虚ささえあれば、幸せになれるのに」とつぶやきました。

しかし、これで諦める神様ではありません。今度は年寄りの姿に変身して訪れました。腰は曲がって、顔はしわだらけ、髪は白髪です。ドアをたたくと、その人が出てきました。哀れでみすぼらしい老人がいたので、びっくりして言いました。

「あんただあれ、どうして私の家に来たの。どこかの家と間違えたの。少し耄碌《もうろく》しているようだから」。

老人は言いました。

「私はあなたが会いたがっている神様です。悩み相談を受けにきました」。その人は怒って「馬鹿なこと言わないでよ。あんたみたいな老人に会いたいなんて一度も頼んだことないわ、耄碌して何言っているのよ、どっかに行ってちょうだい」とドアを閉めました。

老人である神様は悲しくなってつぶやきました。「年寄りの言うことに耳を傾ける謙遜さがあれば、すぐにでも願い事は叶えられるのに」。神様は与えたくても与えられない悲しさを抱いて立ち去りました。

そして再び、見えない姿で家に入ってみると、相変わらずその人は、「神様、願い事を聞いてください」と祈っていました。神様は気の毒になり、その後も様々な人の姿で訪問してみましたが、受け入れられませんでした。

「訪ねてくる人には、三歳の子供であろうと、腰の曲がった目のかすんだ老人であろうと、愛の心で敬拝し、天に対するように仕えました。年取ったお爺さん、お婆さんが訪ねてきても、夜遅くまで話をしました。『なんだ、年を取った老人なんて嫌だな』というような思いを持ったことは一度もありません。人は誰でも尊いのです。人が尊いことにおいて、老若男女に差はありません。」(『自叙伝・増補版』１０５ページ)

第七章

感動偉人伝

~その生涯と残された言葉に学ぶ

40 日韓愛の架け橋となった望月カズ（1927〜1983）

◎わたしたちは家族なんだ

「オンマ（お母さん、韓国語）は血を売り、他人の捨てた菜っ葉やジャガイモを入れたかゆを食べながら、私たちに勉強をつづけさせてくれましたね。」（お母さまにさしあげる手紙、1983年11月14日、韓国ソウルでの告別式にて）

「愛の理髪師」「38度線のマリア」「韓国孤児の母」と言われ、日韓両国の愛の架け橋となった望月カズ。韓国で日韓133名の孤児を育てあげ、孤児たちから「オンマ」と呼ばれ慕われた。

1927年東京都杉並区高円寺で生まれ、4歳で母に連れられて満州に渡るが、6歳で母を亡くし孤児となる。農家からアヘン宿などに売り買いされ、12歳で日本軍に保護された。その時、兵士たちから文字と算数を教わったが、学校には行けなかった。

太平洋戦争後、日本に帰るが、亡き母恋しさで再び満州を目指したものの、23歳で韓国ソウルに留まる。そこで、1950年、朝鮮戦争に遭遇し、逃げる途中、カズの目の前で2歳の子供を抱いた女性が銃弾で死ぬ。泣き叫ぶ子供を黙殺しようとしたが、ひたむきにカズを見つめる子供をみて覚悟した。

「この子を私と同じ不幸な孤児にしてはいけない」

ソウルから釜山に逃げる途中、さらに４人の孤児を抱きかかえた。港湾労働者として昼食抜きで必死に働いた。見るに見かねた親切な女性が弁当を半分くれた。しかし、女性は不慮の死を遂げ、７歳からなる４人の子供を引き取り育てることになる。

休戦となり、さらに増えた孤児17人とともにソウルに帰り、青空理髪店を開いて生計を立てた。孤児が増えるたびに生活が苦しくなる。食堂の食べ残した野菜、魚など、それでも、養えなくなると、血を売った。

採血係は言う。「こんなことをしていたらあなたのほうが死んでしまいますよ」。

カズは答えた。「わたしはどうなってもいいのです。子供たちさえ…」。涙がこぼれて言葉にならなかった。

カズは、理髪店の免許をもっていなかったので、警察に連行され留置場に入れられた。子供たちの声が外で聞こえる。「オンマをかえせ、オンマをかえせ」。32人の子供たちは路上で一夜を明かしたのだった。翌日解放されたカズと子供たちは抱き合って泣いた。

「この子たちは孤児ではない。わたしたちは家族なんだ」。

生涯133名の孤児を育てたカズには信念があった。だるまの精神である、何度ころんでも立ち上がること、どんな困難にあっても強く生きること、勉強して学校を卒業し自立すること、である。

カズは孤児たちを極貧のなか、小学校、中学校、高校、大学にも出したのである。

韓国孤児のために力を尽くしたカズは、１９７１年、当時の朴大統領より「国民勲章」を授与され、日本政府から勲五等宝冠章を授与された。１９８３年11月、56歳で死去する。

愛の架け橋を信念とし、富士山を見たいと切望していたカズの思いから、遺骨は韓国と日本に分骨された。１９８５年４月、静岡県富士市瑞林寺納骨式で、孤児であった韓国女性が涙ながらに語りかけた。

「オモニありがとう。みなしごだった私たちを、立派にそだててくれて本当にありがとう。オモニが夢みていた富士山のふもとでゆっくりねむってください」

〔参考文献〕藤崎康夫作「愛のかけ橋はきえず　韓国の孤児をそだてた望月カズの一生」
（くもんのノンフィクション・愛のシリーズ９）

41 平和の使徒・永井隆（上）その夫婦愛

◎白血病の夫支え原爆で逝った妻

〽召されて妻は天国へ　別れて一人旅立ちぬ　かたみに残るロザリオの　鎖に白き我が涙　なぐさめはげまし　長崎の　ああ長崎の鐘が鳴る

国民的歌手・藤山一郎さんによって歌われたヒット曲『長崎の鐘』の主人公、永井隆博士は、明治41年（1908年）島根県の松江で生まれました。

医者を志して、長崎医大に入学。下宿先の娘、森山緑さんと出会います。

森山家は江戸時代、隠れキリシタンの信徒頭を務めてきた家系であり、緑さんは出征した永井博士にキリスト教書物を送ります。

放射線医師となった永井博士は、浦上天主堂で洗礼を受け、緑さんと結婚します。

文鮮明先生は、「結婚生活で最も大切なことは信仰で一つになることだ」（『自叙伝』207ページ）と語られていますが、永井夫妻はまさにその如くでした。

緑さんは信仰の友として、妻として、献身的に夫に仕えます。夫のくつ下からワイシャツ、オーバーに至るまで妻が丹念に仕上げたものでした。

一日十時間働き、疲れきって歩けなくなった夫を、妻が迎えにきて肩で背負って家に帰ったこともありました。永井博士はこのときが無上の幸せだったそうです。

放射線を浴びながら診療を続け、ついに白血病にかかり、余命3年と宣告されたとき、妻は毅然として受け入れ、さらに深く夫を愛し、過労で動けなくなった夫をおぶって大学に通ったこともあったそうです。

夫の命がかつおぶしのように削り込まれている医学論文を妻は襟を正し、涙を流して読みました。本来、宣告された3年後、妻は最愛の夫の遺骨を抱いて墓地に向かうはずでした。1945年8月9日までは…。

「8月8日の朝、妻はいつものように、にこにこ笑いながら私の出勤を見送った。少し歩いてから私はお弁当を忘れたのに気がついて家に引返した。そして思いがけなくも、玄関に泣き伏している妻を見たのであった。それが別れだった。

その夜は防空当番で教室に泊まった。あくる日、9日。原子爆弾は私たちの上で破裂した。私は傷ついた。ちらっと妻の顔がちらついた。私らは患者の救護に忙しかった。5時間ののち、私は出血のため畑に倒れた。そのとき妻の死を直覚した。というのは、妻がついに私の前に現れなかったからである。…たとい深傷《ふかで》を負うていても、生命のある限りは這ってでも必ず私の安否をたずねてくる女であった。

　3日目。学生の死傷者の処置も一応ついたので、夕方私は家へ帰った。ただ一面の焼灰だった。私はすぐに見つけた。台所のあとに黒い塊を。―それは焼けつくして焼け残った骨盤と腰椎であった。

…そばに十字架のついたロザリオの鎖が残っていた。焼バケツに妻を拾って入れた。まだぬくかった。私はそれを胸に抱いて墓へ行った。

…私の骨を近いうちに妻が抱いていく予定であったのに、運命はわからぬものだ。私の腕の中で妻がかさかさと燐酸石灰の音を立てていた。私はそれを『ごめんね、ごめんね』と言ってるのだと聞いた。」（永井隆著『ロザリオの鎖』より）

42 平和の使徒・永井隆（下）その親子愛・人類愛

◎長崎の被爆を潔い犠牲ととらえる

「如己愛人《にょこあいじん》。わがいとし子よ。汝の近きものを、己の如く愛すべし、そなたたちに残す私の言葉は、この句をもって始めたい。」（永井隆著『いとし子よ』）

原爆が投下されたとき、息子（14歳）、娘（8歳）は親戚の家にいて無傷でした。しかし、母を失い父は被爆し、やがて死別する過酷な運命にあったのです。

永井博士は父として子供たちに神様の愛をひたむきに次のように教えました。

「いついかなる時も、神は愛である。医者は神様で、注射器が父なのだ。父が壊れてなくなっても、医者である神様はお前たちを愛し続けてくださる。注射器にお礼を言って医者に感謝しない病人はいないだろ。医者が与える薬には甘いのもあれば苦いのもある。そのどちらも病気を治すための処方で愛なのだ。薬が苦いといって医者を憎む病人はいないだろ。お前たちはやがて孤児になるが、その苦い薬も神様の処方なのだ。だから、その薬を飲むことに、ありがと、しましょうね。」（永井隆著『この子を残して』、要約）

さらに、永井博士は人類愛で、病床に横たわる体で幾冊もの本を著し、世界平和をアピールしていきました。感動したヘレンケラー女史が訪れ（１９４８年）、天皇陛下が見舞いにお来しになられました（１９４９年）。

１９５１年5月1日午後9時50分、「白血病による心臓衰弱」で平和の使徒、永井博士は、43年の生涯を閉じました。死後、解剖執刀医は「死を賭して精進した結果、死期がのびた」と発表しました。

あらゆる出来事を神の愛の摂理として感謝した永井博士は、１９４５年11月23日、廃墟と化した浦上天主堂広場でおこなわれた原爆慰霊祭で、信徒総代として、弔辞をのべています。以下はその一部です。

「8月9日午前11時2分、一発の原子爆弾は我が浦上に爆裂し、カトリック信徒8千の霊魂は一瞬にして天主の御許に召されて、猛火は数時間にして東洋の聖地を廃墟と化したのであります。その日の真夜中天主堂は突然発火炎上しましたが、丁度時を同じくして大本営では天皇陛下が終戦の聖断を下しました。8月15日終戦の詔勅が発せられ、世界あまねく平和を迎えたのであります…浦上が屠《ほふ》られた瞬間、初めて神はこれを受け納め給い、人類のお詫びを聞き、たちまち天皇陛下に天啓を垂れ終戦の聖断を下されたもうたのであります。

信仰の自由のない日本で、迫害の下、四百年間殉教の血にまみれつつ信仰を守り通し、戦争の中も永遠の平和に対する祈りを朝夕絶やさなかった我が浦上教会こそ、神の祭壇に捧げられるべき唯一の潔い羊ではなかったでしょうか。

この羊の犠牲により今後さらに戦禍を被るはずであった幾千万の人々が救われたのであります。戦乱の闇はまさに終わり、平和の光がさし出る8月9日、この天主堂の御前に焔をあげたる大いなるはん祭よ、悲しみの極みのうちにも私たちはそれをあな美し、あな潔し、あな尊し、と仰ぎ見たのでございます。」

平和を愛する世界人、文鮮明先生は語られています。

「人類を理想世界に導いていく宗教者は、自分が平和の使徒であることを、一瞬たりとも忘れてはいけません。」(『自叙伝』295ページ)

43 「あさが来た」広岡浅子の感動人生

◎63歳で受洗、キリストの再臨を予言

「ビックリポン」って言葉知ってますか。「なにそれ？」っていう方は、先日、最終回（2016年4月2日）を迎えたNHK朝ドラ『あさが来た』を見ていなかった人です。主人公家族の合言葉なのです。

AKB48が歌う『365日の紙飛行機』をテーマソングとして始まる『あさが来た』は家庭婦人を中心として超人気のドラマとなりました。人気の秘密は実名、広岡浅子の気迫あふれる実業家魂にあります。さらに、妻を優しくあたたかく見守るご主人（配役、玉木宏）のセリフがいいのです。

福岡炭鉱の爆発事故で落ち込んでいた妻を優しく励まして諭します。

「負けたことあれへん人生やなんて面白いことなんかあらしまへん。勝ってばっかりいてたら人の心なんてわからへんようになります。これは神様がくれはった試練だす。七転び八起きて言いますやろ。」（66話）

広岡浅子。江戸末期に豪商・三井家に誕生して明治、大正と、日本の激動期をたくましく生き抜

いた女性実業家です。17歳で大阪最大の両替屋加島屋に嫁ぎ、20歳で明治維新を迎えて、傾きかけた加島屋を銀行に建て直し、九州福岡炭鉱事業を成功させ、尼崎紡績をつくり、さらに大同生命の基礎をつくり、日本の女性教育のために、日本女子大学を創設した女性指導者です。

しかし、彼女の真の人生は61歳から始まります。イエス・キリストの愛と教えを学び、生死を彷徨う大病の中で、神様の愛と出会います。そのときの体験をこう書いています。

「麻酔にかかって次第に意識を失いつつ行く刹那、心の雲霧はすべて拭われて晴れやかになり、何物が来ても犯されないと思う偉大な力を感じ、かつてなき愉快な境遇を経験しました。…私はこの時、天はなお、『何かをせよ』と自分に命を貸したのであろう、と感じて、嬉しいと言うよりは、非常に責任の重いことを悟りました。その後、私は万事をまったく天に任せたその刹那に感じた偉大な力を、再び味わいたいと試みつつ、あるいはこれが、人の言う『神』ではなかろうかと、絶えず憧景しておりました。」（広岡浅子著『一週一信』）

63歳の時、大阪天王寺の大阪教会で洗礼を受けました。その後ＹＷＣＡの創立に尽力し、キリスト教にもとづいた女性指導者教育に携わります。その中にＮＨＫ朝ドラ『花子とアン』の主人公、村岡花子もいました。『赤毛のアン』を翻訳し児童文学の基礎を築いた女性です。

晩年、キリスト者として雑誌に文章を連載します。時に第一次世界大戦が始まり、世界は未曾有の戦乱に突入し、空に戦闘機、地上に戦車、毒ガスが登場し、数百数千万の人が死傷します。深く瞑想し祈り、聖書を洞察して、広岡浅子は、第一次世界大戦の摂理的意義を悟ります。

「このたびの戦争は、『単なる悪との戦い』、ではなく、そこに何物か、より高くより清きものを産まんとする全人類の『産みの苦しみ』が、現れている。…今度の大戦乱は確かに、人知れぬイエス・キリストのご誕生が、そこに妊（はら）まれてはしまいか。今や全人類は、時代の指導者としてのイエスを産まんがために戦っていると解することが、できようと思う。このキリストの生まれ給うは、旧世界の魔王の力を毀《こぼ》たんがためである。人類は、これがために決死的の戦争を営んでいるところである。人類は個々の上に、また人類全体としての上に、救い主の実現を翹望《ぎょうぼう》してこの苦痛を忍びつつある。

誰であったか聖者の一人が、『キリストはローマの地獄をパラダイスにした』と言ったが、人類はこの戦争の後には、この世の生き地獄をキリストの力によってパラダイスにしようと、努力している。」（『一週一信』47回）。

広岡浅子は、第一次世界大戦後、イエス・キリストが再び誕生することを予言したのです。

１９１９年1月14日、71歳で神のみもとへ召されました。

44 天地正教初代教主　川瀬カヨ（1911～1994）

◎この世は霊界に行くまでの修行の場

家庭の主婦が突然、天の啓示を受けて霊通し、さなぎから蝶になるがごとく、天への絶対信仰者に脱皮する、という人生の奇蹟がある。1911年、北海道帯広市近郊に生を受けた川瀬カヨもその一人である。

若き日、離婚、再婚、病苦、貧乏、女性として人生の辛酸を体験しつくした。45歳の時、帯広市内の市場で弘法大師空海を信奉する行者から「気合」を入れられ、霊性が開き、霊通するようになった。やがて天への信仰と先祖供養で、人々の病気や苦しみを癒やすようになり、宗教団体「天運教」教祖となる。（以下、川瀬教主）

妻でもあり母でもあった川瀬教主に対して天が命じた修行は容赦なき、すさまじいものだった。「大寒の二月、一番寒い時に、マイナス二十何度ですね、その時に水をかぶるんです。『九時以降に、外でかぶりなさい』と言われるから、これまた逆らうわけにいかないね。ハイハイって。もうそうなったら命懸けね。神様からやりなさいと言われて、もし何かあって命がなくなっても悔いはないという思いで決意するんです。

戦争で兵隊さんがね、『進め！』って号令かけられたら、『私、命が惜しいから進めません』なんて言えないでしょう。戦地に行った兵隊さんのこと思ったらね、やっぱりやらなくちゃいけないっていう決意ですね。…朝起きてみたら、そのかぶった水がね、四斗（72リットル）もかぶるから、もう氷の山になっているんですね。」（『心みがき―初代教主様に学ぶ信仰実践』、正心社、115ページ）

時を経て、天啓により教団の名称は「天地正教」となる。教主の信仰の核心は、釈尊が予言された弥勒による万民救済だった。

1992年、高野山奥の院弘法大師御廟に参拝した時、突然、眼前に弘法大師が顕現して、こう断言された。「弥勒慈尊とは文鮮明先生のことである。この方は、人間の姿をしておられるが、心情は人間ばなれした神様のような素晴らしいお方である」。驚嘆すべきお告げであった。

教団として「弥勒は文鮮明師」と宣言すれば、世間から批判され、教団内部が混乱して信者が激減するかもしれない。一つの教団が、宗派を超えて他の教団の教祖を、救世主、弥勒、として宣言することは、前代未聞のことであり、宗教史上類例のない驚天動地の出来事である。

しかし、川瀬教主は躊躇なく決断した。同年、10月、川瀬カヨ教主は宣言した。

「本日より天地正教は、天命に基づき、下生された弥勒慈尊であられる文鮮明先生を先頭とする地上天国建設運動に共に参加し、弥勒浄土実現のためにあらゆる困難を越えて、日本を救済し、世界平和を実現すべく、全会員が心一つにして邁進することを謹んで宣言いたします」

1993年、韓国済州島で、文鮮明先生と親しく交流する機会が与えられた。川瀬教主にとって至福の時であったに違いない。翌1994年2月4日、天啓一筋に生きた教主は生涯を閉じた。享年82。帯広近郊、霊峰剣山の麓に、川瀬カヨ教主の功労を讃える天華碑があり、教主のおさとしが刻まれている。

「この世は霊界に行くまでの修行の場です」

本書は、「サンデー世界日報」の2016年3月6日号から2017年11月12日号までに掲載された「家庭円満を招く『いのちの言葉』」の一部を加筆、修正し、まとめたものです。

著者
浅川勇男（あさかわ　いさお）
昭和 23 年、新潟県生まれ。青年の頃から真理を探究し、数々の思想、哲学を研究。同時に人間の心のあり方、家庭の幸・不幸の原因についても深い関心を持ち、仏教、キリスト教など宗教にも造詣が深い。現在、文鮮明師の自叙伝などの書写講演会を全国で行っている。著書に「家庭運アップの秘訣」「幸せを引き寄せる」「幸福の発見」（いずれも光言社刊）。

〜本書を読まれてのご意見・ご感想をお寄せ下さい。
メールアドレスは publi@worldtimes.co.jp まで。〜

あなたに届けたい「いのちの言葉」—幸福への道しるべ

平成 30 年 5 月 16 日　第一刷発行
令和　5 年 9 月　7 日　第六刷発行

著　者　**浅川勇男**
発行所　**株式会社 世界日報社**
〒 103-0025
東京都中央区日本橋茅場町 1-5-2-5 階
電話 03(3476)3411 代表
電話 047(314)5715 出版部
FAX 047(314)5709
https://www.worldtimes.co.jp/

ISBN978-488201-096-8